多国籍化する日本の学校

教育グローバル化の衝撃

佐久間孝正

勁草書房

はじめに

多国籍企業という言葉がある。もともと「商い《あきな》」とは、特定の地域（国）の内部で人々の生産と消費を結びつける活動だった。しかし経済が成長・発展するにつれ、「あきない」は多くの経営を組織する企業となり、かつ人間の労働と交換は、特定の地域や国をも超え全世界に広まっていく。多国籍企業とは、国家を超え世界のさまざまな国に現地法人を設け、独自にマルチ・ナショナルな営業活動を行う巨大企業（corporation）のことを指す。

一方、本書でいう多国籍化する学校とは、一つの学校が国境を超え、現地法人を設け世界に広まる学校のことではない。インターナショナル・スクールのような、これを地で行く学校もたしかにあるが、本書で取り上げるのは、日本の学校が国内にありながら、そこで学ぶ児童生徒の国籍が多様な出身国からなる近年の姿を表したものである。

資本や商品には、国境というものがないので容易に国家を越える。しかし人間は、各人固有の母語をもち、かつ文化を身にまとっているので、資本や商品のように国境を越えたとしても活動するには多くの困難を伴う。にもかかわらずグローバル化は、世界中の人々の移動を促進させ、日本の地域社会にも大きなインパクトを与えている。

多国籍化という表現をしたが、単身で移動してきても、日本で配偶者と出会い家族をもてば、多くの子どもは日本国籍者になる。それでも家庭内言語や身の回りの文化が、日本語やそれ以外の文化であったりすることも多く、国籍は当人のありのままの姿を表さないので、本人の多様性を示すため「外国につながる子ども」という言い方すら生まれている。

企業は、シナジー効果などとして従業員の多様性がひと足先に注目されているが、学校もまた近年は大きく様変わりしつつある。なかでも教育機関とはみなされていないが、地域の保育園、さらにあまり注目されることのない夜間中学や定時制高校の変化はすさまじい。

社会の変化が、いつもマイナーな領域の変化から始まるとすれば、夜間中学や定時制高校で進行している「多文化」化、多国籍化は、近い将来に学校で起こるであろうメインの出来事を理解する上で見逃せない。現時点では、一部の地域の学校にみられる動きであっても、今後は、多くの学校に共通する現象のはじまりかもしれない。「みんな同じ」を前提にしてきた日本の学校が、「みんな違う、違って当たり前」が学校の自然な姿として肯定されつつある。

その場合注目したいのは、人とシステム、内容と形式の関係である。やや抽象的な表現をしたが、人の在り方が変われば、システム・制度も変わらざるを得ない。もともとこんにちの教育制度をつくり出したのは人であり、当初の学校は、日本の子どもが主でその子どもの教育なり社会化にふさわしい場として制度はつくられた。しかしグローバルな時代を迎え、学校には日本人だけでなく、多くの外国につながる子どもが学ぶようになった。

容器（学校）の中身（児童生徒）が変われば、中身を包む容器そのものも変わらざるを得ない。学校の多国籍化により学校の在り方にも変更を迫られるものとして、本書の後半では、強制的な学校儀式の在り方と教科のなかでも「公民」の存在を考えてみたい。

歴史的に多くの植民地を有していたイギリスは、戦前の伝統的な移民であるアイルランド人とユダヤ人を受け入れている間は、学校教育にも大きな変化はなかった。しかし戦後、労働力不足を補うため海外から多くの移民労働者を受け入れると、伝統的な英国国教会形式の儀式はもとより、近年は教科にもシティズンシップ教育が導入されるなど、授業科目の中身も制度も大きな変化を経験している。

日本も明日の学校の姿を探るために、教育現場のなかでどのような事態が進行しているのか、近年の動きをみていくことにしたい。

多国籍化する日本の学校——教育グローバル化の衝撃／目　次

はじめに

目　次

序章　西のロンドン、東の東京

イースト・エンド

このところ日本の学校が大きく変化してきている。これまで日本の学校は、日本人の子どもの教育を行う所だった。日本の子どもに正しい日本語はもとより、文化、伝統、規律を習得させ、いわば社会化することでよき成人に育てる場であった。ところがこんにち、その教育の対象ともいえる子どもが、日本人ばかりでなく、海外から多くの子どもを迎えることにより、学校そのものが多言語、多文化、多民族化してきている。

この流れは、想像よりはるかに速く進んでおり、地域や学校によっては外国につながる子どもの方が多い所も現れている。学校が「多文化」化するのは、とくに公立校の場合、地域の居住者が多文化、多民族化するからであり、双方の動きは切り離せない。都内の動きはどうなっているのか。いきなり東京都の外国人集住地区の動きをみる前に、一足先に地域が多文化・多民族化しているユーラシア大陸西端の島国、イギリスのロンドンをみていくことにしたい。注目するのは、ロンドンのなかでも「多文化」化の著しいイースト・エンドである。

イースト・エンドとは、シティより東のかつテムズ川より北のタワー・ハムレッツ、ニューアム、ベスナム・グリーン等の面積一九・七七平方キロメートルの地区を指す。この地域は現在、首都圏のなかでも多文化、多民族化がもっとも進行しており、別にスーパーダイバーシティとも呼ばれる地域である。今世紀になり、すでに二度、日本の国勢調査にあたるセンサス調査が行われているが、イースト・エンドの中心地区ともいえるタワー・ハムレッツを例に主な動きを押さえておく。

二〇〇一年の区の総人口は、一九万六一〇六人であった。うち白人のブリティッシュ（white British）は八万四一五一人、次がバングラデシュ人の六万五五五三人、他の白人が一万二八二五人、アイルランド人も三八二三人とマイノリティでは圧倒的にバングラデシュ人の多い区である。「白人のブリティッシュ」と限定したのは、マイノリティでもイギリス生まれの二世、三世はブリティッシュに計算されるこの国の国籍法を考慮してである。ブリティッシュと答えたなかには、たしかに白人のブリティッシュが多いが、マイノリティの二世、三世も混じる。イギリスの統計をみるとき、注意しなければならない点である。ちなみにタワー・ハムレッツは、イギリス最大のバングラデシュ人の集住地である。

特定のエスニシティが、一定の地域に集中し居住することを集住と呼ぶが、同じインド亜大陸のムスリムでもタワー・ハムレッツに住むパキスタン人は少ない。同年は一四八六人を数えるだけで

表序－1　近年のタワー・ハムレッツの主なエスニック別人口（人）

	総人口	ホワイト・ブリティッシュ	バングラデシュ	パキスタン	アイリッシュ	他の白人	黒人
2001	196,106	84,151	65,553	1,486	3,823	12,825	12,742
2011	254,096	79,231	81,377	2,442	3,863	31,550	18,629
主なエスニシティの総人口に占める割合		31.2%	32.0%	1.0%	1.5%	12.4%	7.3%

出典：Office for National Statistics, Ethnic Group, 2001, 2011

ある。ムスリムどうしでありながらパキスタン人と混じらないのは、集住という名の同一エスニシティの隔離化でもある。この住み分けが、イギリスでは子どもの学校の隔離化にまで及ぶ。

今世紀最初のセンサス調査から一〇年、マイノリティの構成はどう変化したか（表序－1）。二〇一一年のタワー・ハムレッツの総人口は、六万人増えて二五万四〇九六人になった。しかし以前のマジョリティともいえる白人のブリティッシュは、この間五〇〇〇人減り、七万九二三一人（三一・二％）である。一方バングラデシュ人は、わずか一〇年の間に一万五〇〇〇人増え、八万一三七七人（三二・〇％）と最大のエスニック・マジョリティになった。他の白人も一万九〇〇〇人弱増え三万一五五〇人になるが、アイリッシュはほとんど変わらず（三八六三人）、パキスタン人も一〇〇〇人増えただけである（二四四二人、一％）。

一見してバングラデシュ人の増加が目を引くが、それでも区全体の総人口に占める割合は、前回の三三・四％から一・四％低下しており、このことは他のマイノリティが増えたことを示す。その他の白人マイノリティも二倍以上に増えたが、これはEUの東方拡大による中・東欧圏の移住者が増えたからである。これまでイースト・エンドの伝統的なマイノリティは、イギリスの以前の植民地としての連邦国出身者だったが、このところ急増しているのは、植民地とは関係のない東欧圏やアフリカ諸国からの人々である。

たとえば、黒人のうちこれまで多かったのは、植民地との関連でブラック・カリビアンであった。しかしかれらは、すでにブラック・アフリカンに抜かれ、さらにどちらにも属さない黒人も増えている。これは、それだけ多様なエスニック黒人の入国を意味し、そのこと自体、イギリスが二一世紀になり移民の受け入れも大きな転機を迎えていることを示す。先進国が少子高齢化にあえぐなか、イギリスは人口が増加中である。二〇〇一年のセンサスでは、総人口は五九一〇万人であったが、二〇一一年は六三二〇万人と四一〇万人（七％）も増加した。そのなかでも増加率の高いのが、タワー・ハムレッツである。

日本も従来、在日外国人で多数を占めてきたのは、ながらく伝統的な旧植民地住民としての在日韓国・朝鮮人であった。かれらが中国系に抜かれたのは二〇〇七年であり、その差は年々開いている。日本は、依然としてアジア系住民が在日外国人の大半を占めるものの、出身国は年々多様化しつつある。変化は静かには進んでいる。

イギリスの植民地は全世界に分散していた。それだけに、植民地がらみの入国・定住にしても世界的な移動の縮図をなすが、このところはっきりしてきたのは、宗主国がらみの移動から、ＥＵや高技術者の移民、並びに難民の移動に主要な動きが変わっていることである。ソマリア生まれの者だけでも、二〇〇一年のセンサス（一三五三人）と一一年のセンサス（二九二五人）では、二倍以上の増え方であり、タワー・ハムレッツ総人口の一・二％を占める。このなかには、イギリス生まれのソマリア人は含まれていない。それを含めれば、その数はさらに増える。

加えてインナー・シティの典型ともいえるタワー・ハムレッツをみても、白人を主とするブリティッシュは減っているので、総人口の増えた分、「多民族化」化はいっそう進行しつつある。スーパーダイバーシティなり、ハイパーダイバーシティといわれるゆえんである。

学校の隔離化

こうした大人の居住空間の隔離化は、子どもの学校の隔離化となる。たとえば、タワー・ハムレッツのなかでもベスナル・グリーンからボウ・コモン一帯にかけては、あたり一面に古い公営住宅が立ち並び、その多くがバングラデシュ系で占められる。こうなると当然、近くの小学校、中学校もバングラデシュ系の児童生徒が大半を占めることになる。八五％以上をバングラデシュ系が、その九〇％をシルヘット（Sylhet）出身者が占めることも起きる。

シルヘットとは、バングラデシュ北東部、インド国境近くの地方都市である。この都市は、歴史的にインドのアッサム・ティーとの関連が深く、バングラデシュ系の九〇％はこの地方都市の出身である。現在は、この田舎町シルヘットとイギリスの間に直行便が出ているほどである。近年イースト・エンドの学校で、バングラデシュ系なりシルヘット出身者の比率が減っているとすれば、それはアフリカの難民や中欧、東欧の人々が来ているからである。ますます非ブリティッシュ系が、多くを占める傾向に変わりはない。

こうなるとこれらの地域の学校には、他のイギリスの学校にはみられないことが起きる。マイノリティの多い学校が重視するのは、英語教育である。学校の説明言語（教授言語）である英語がわからなければ、やがては学校そのものに興味がなくなる。移民の子どもへの英語教育は、一時「第二言語としての英語（English as a Second Language, ESL）」と呼ばれたが、現在は「追加言語としての英語（English as an Additional Language, EAL）」と名を改めている。EUが拡大し、人の移動が常態化するにつれ、家族の在り方が大きく変わっているからである。

父がフランス人、母がイタリア人でたまたま生活空間がイギリスである子どもにとって、英語が第二言語とは限らない。家庭のなかでは、フランス語やイタリア語が飛び交って普通だからである。同様に、アフリカ等の難民の子どもが、フランスにしばらく滞在し、その後イギリスに来た場合も、同じことが起きる。「第二言語としての英語」から「追加言語としての英語」に名を改めたのは、現在のヨーロッパの家族の混合性なり、移動の多様性を反映している。

こうした国際家族、多文化家族、移動する家族が住みつくのは、農村部より都市部である。都市部のなかでもバーミンガムならスメジビック（Smethwick）やスモール・ヒース（Small Heath）、ロンドンならイースト・エンドやブレント（Brent）ということになる。イースト・エンドのなかでも集住の程度が著しいのが、ここタワー・ハムレッツである。

このような学校には、子どもの母語の話せる教員が配置されるので、実にさまざまな言語を話せる教員がいる。マイノリティのための教育支援基金（ethnic minority achievement grant, EMAG）による採用で、別にイーマッグ教員とも呼ばれた。イギリスには、日本にない外国人に関連する法律に差別禁止法がある。この法律では、マイノリティをマジョリティと切り離し、別に扱うことに監視の目が光る。前世期の六〇年代、カリブ系が大勢移動してきたときは、教室を別にする形で受け入れが進んだ。そのためカリブ系は、学校時代イギリス人の自然な英語も知らずに卒業していった。その上、社会生活でも公的空間での分離政策がまかり通っていた。

六〇年代から七〇年代にかけて、人種関係を良好なものにすることを目的に、三度も人種関係法が改革・制定され、その後二〇〇〇年にも人種関係修正法（Race Relations［Amendment］Act 2000）が施行され、警察関係も含めて公的空間での差別的な扱いが禁止されることになった。移民の子どもをメインストリームの教室から引き抜いて、別室指導するのもマジョリティとの異なる待遇になる。

とはいえ、現実に英語も知らない児童生徒が、マジョリティと一緒に勉強するのも困難である。一時は、二週間を限度に別室指導がなされたが、バングラデシュ系のように非アルファベット系の子どもの英語学習には、期間が短かすぎる。ソマリア系と比べてもバングラデシュ系の子どもの英語への習熟には時間がかかることが明らかにされており、現在は八週間、二ヵ月くらいまでを限度に別室指導が行われている。

学校にもよるが一人の教員が、五人の児童生徒を標準に受け持つ。取り出される科目は、英語、地理、歴史、ときに科学も含まれる。取り出し期間が終わると、イーマッグ（ＥＭＡＧ）教員は、メインストリーム教室の補佐教員として付くこともある。メインストリーム教室には、エスニック・マイノリティのための補佐教員ばかりではなく、注意欠陥多動障がい（ＡＤＨＤ）の子どもに対する特別の教育要望（ＳＥＮ、Special Education Need）のための教員も張り付くことがあり、こんにち、イギリスのメインストリーム教室には、メインティーチャーを含めて三〜四人の教員が付くのも珍しくない。

タワー・ハムレッツのある公立女子中学校は、九〇％までがバングラデシュ系で占められており、ラマダンの時期は、給食を食べる子どもが激減する。そこでラマダンの時期のみ、給食の時間を短くして、帰宅時刻を繰り上げている。帰宅後、ラマダンを家族と一緒に実践させるためにである。ラマダンの時期は、午後の体操もできるだけ少なくし、座学に振り向けるなどの工夫もする。このような措置は、他の地域の学校にはみられないイスラーム集住地域の学校の独自の取り組みである。しかしこのような配慮が重なると、マジョリティの子はますます通いづらさを感じ、いっそうの隔離化にも通じる。

果たして、これから本格的な多文化学校の時代を迎える日本は、どうなるだろう。

神々の和解策

マイノリティといっても、エスニシティは多様だ。宗教や文化となると、さらに変化に富む。そのまま放置すれば、このような地域の学校は、子どもを使った家庭の宗教なり文化の相克の場と化す。そこで地域の公立学校は、ここがイギリスであることをふまえ、宗教や文化が違ってもイギリス的な価値のもとで、各自のエスニックな文化や宗教を尊重するよう、一九八八年教育法で各教育当局（Local Education Athorities, ＬＥＡ、現在は教育が抜けて地方当局、ＬＡとなる）に宗教教育諮問委員会（Standing Advisory Council on Religious Education、通称頭文字をとってＳＡＣＲＥ（サクレ）と呼ばれる協議会）の設置を義務づけた。

イギリスは、アングリカンと呼ばれる独自のキリスト教一派を国教とする国である。その歴史は、イギリス史のなかでも絶対王政確立期のヘンリー八世にまでさかのぼる。キリスト教の一派が国教となれば、宗教教育、なかんずくキリスト教教育は重要であり、子どもの行動規範や道徳教育に大きな影響を与える。道徳教育には、個人社会健康教育（Personal, Social and Health Education, ＰＳＨＥと略）や市民権（Citizenship）教育もあるが、宗教教育の占める位置は高い。日本のように政教分離を国是とし、特定の宗教を公的空間で崇拝し、まつることが禁じられている国とは異なる。

この点同じＥＵ加盟国でもフランスは、イギリスとも宗教の扱いはかなり異なる。フランスはヨーロッパでも名だたるカトリックの国ではあるが、国教ではない。それどころか公的空間での政教分離策が徹底しており、学校ではキリスト教の十字架像すら大々的には憚れる。伝統的に北アフリカのマグレブ諸国からの移民が多く、かれらはムスリムであるが、学内の女子生徒のスカーフ着用は禁止されている。

近代国家の自由・平等・博愛という理念はフランスに発し、この理念に共鳴する者は、国民に遇されることもあった。なかでも自由に対する思い入れは強く、ときに宗教をも風刺する自由、すなわち表現の自由をめぐっては、ムハマンド風刺画像を発行していたシャルリーエブド社が襲われ十数人の犠牲者を生んだが（二〇一五年一月七日）、その後自由へのテロに抗しフランス全土で数百万人規模の抗議デモが起きたほどである。

イギリスはキリスト教が国教だが、他宗教にも寛容でムスリムのスカーフ着用にも寛大である。そのためイギリスでのバングラデシュ系女子のスカーフ着用率は、本国での着用率をはるかにしのぐ。祖国で生活していたときより、見知らぬ男性や異教徒に接する機会が増すとはいえ、それなら、フランスのアルジェリア移民の盛んなカビール地方（アルジェリア北部）の女子も同じで、ムスリマのスカーフ着用率の高さには、明らかに両国の宗教政策の違いが横たわる。イギリスは、今も君主を主教に戴く国教会の国なのだ。

しかし地域の学校には、これまでもみたようにイスラームをはじめ多くの他宗教の子どもが通う。一九八八年法以前、学校では英国国教会に基づく儀式が行われ、他宗教の子どもにはスキップする自由が認められていた。しかしそうなると、他宗教の子どもは儀式に出ないか、別行動になり、他宗教を学ぶ機会すら奪われかねない。そこで各地方当局（LA）は、宗教教育諮問委員会の判断により、各地域住民の宗教事情を反映する形で宗教教育の内容を吟味し、異なる宗教にもふれるバランスある教育が目指されている。

タワー・ハムレッツでも宗教教育諮問委員会には、英国国教会、それ以外の諸キリスト教会派及び他の宗派代表、教員組合代表の委員、区議会代表を含む教育委員会代表からなるサクレが組織され、年四回会合がもたれ、五年ごとにメンバーが代わる形で地域の学校の宗教教育の在り方が話し合われている。

イギリスでは、二〇一四年五月、バーミンガムの公立中学校で教育基準協会（Office of Standards in Education, Ofsted と略）の定める教育内容を無視したイスラーム的価値に基づく授業が行われていることが発覚し、世間を驚かせた。集住と隔離が起きているイギリスの地域の学校では、ロンドンのみならず他の地域でもいわゆるマイノリティが多数を占める学校は相当の数にのぼる。なかでも西欧的諸価値に否定的なイスラーム系が多数を占める公立学校は少なくない。このような学校では、前世紀末の反人種差別教育運動により、教員や教育当局のなかにも多くのマイノリティなりイスラーム信者がいる。バーミンガムの事態は、起きるべくして起きたともいえる。

このような教育界の逸脱を防ぐ目的もあり、サクレは、学校の宗教教育並びに精神的諸価値を形成する上で重要な役割を担う。

一口に多文化の承認（cultural recognition）、他宗教への寛容性、人種関係法（Race Relations Act）という名の人種差別禁止法等のチェック機能なり諸制度を備えているとはいえ、多民族、多文化社会の維持は、そう簡単ではない。早い話が、今や人口のかなりの数に及ぶイスラーム人の行動様式とイギリス的価値には、かなりの隔たりがある。多数決原理に基づく民主制、女性の社会参加、教育の中枢価値ともいえる批判的能力の涵養、個的人格の尊重、普遍的人権の価値、精神の自由等をめぐるイスラームとの摩擦は少なくない。

イギリス社会の多文化状況は、一九世紀後半から本格化したとはいえ、第二次世界大戦前は、アイルランド人やユダヤ人等が主流で、基盤文化の等しい同じヨーロッパ人どうしの文化、諸価値の対立だった。しかし、第二次世界大戦後は、人の流れが非ヨーロッパ圏に広がり、今では全世界に拡大した。古くて新しいヨーロッパ対アジアの対立――その際のアジアとは地理的空間ではなく、非キリスト教圏の意味であり、その価値や信条・行為をめぐる対立は、深く静かに進行している。

ハンチントンの文明の衝突は、社会主義崩壊後のよりグローバル化した時代には、これまでの政治的対立から文明の対立に主軸が変わることを言い当てた点で注目されたが、見逃したものもある。それは単に諸文明が対立するのみならず、移民者たちが受け入れ国で「統合」されないときは、送り出し国の宗教や文化により急進的かつ過激的な形で回帰する現象である。

本書の執筆は、中東の空間にイスラム国が創り出された時期と重なるが、このにわかに出現した人為「国家」の主力部隊はイラクのフセイン時代の側近としても、戦闘要員の多くは外国人部隊である。この部隊を移民社会で統合されない若者が支える。グローバル化の時代は、受け入れ国の「統合」の成否が文明の衝突の鍵を握る（Heath, A. 2014, 18–19, Meer, N. 2014, 31）。

日本も今のところ人の移動は、日本近隣諸国なり、日本の移民コミュニティをもつ中南米が主流である。しかしイギリスで、ヨーロッパ圏から非ヨーロッパ圏に人の移動の流れが変わるのにそれほど長期を要しなかったように、グローバル化の現在、日本も人の移動が漢字文化圏や儒教文化圏から一気に、異質なグローバル空間に拡大しないとも限らない。統合は、異質な文化に向き合う今後、日本も避けて通れない課題である。イギリスが抱える多文化がらみの諸問題は、これからの日本の多文化に伴う問題を探る上で貴重な示唆に富む。

都内唯一の消滅区

東京でロンドンのイースト・エンドに相当する地域として、ここでは新宿区、豊島区、北区周辺に注目する。新宿区はしばしば取り上げられるので、タワー・ハムレッツに関連し、焦点を豊島区の近年に絞る。

二〇一四年五月、日本創生会議は、いまから四半世紀後の二〇四〇年の全国自治体の人口動向を公表した。出産年齢の中心になる二〇歳から三九歳の女性数に注目し、この層の半減する自治体は、出生率の低下により将来消滅する可能性があるという。こうした都市は、全国で八九六自治体に及ぶ。当然、現時点でも周辺化された自治体が軒を並べたが、区内で唯一登場したのが豊島区だった。豊島区は、一日の乗降客数二五〇万人を擁する池袋駅があり、近年は人口も増加傾向で外国人も多い。当然、区関係者から大きなブーイングが起きた。

豊島区が、都内で唯一の消滅区にあげられたには、いくつかの理由がある。一つは、自区人口で拡大再生産する区ではなく、転入によって増える区であること、しかし地方はすでに人口減少期に入っており、今後の増加は見込めないこと、二〇〇〇年から〇五年までの人口増加が〇・六％と低かったのに、〇五年から一〇年はいっきに二〇倍以上の一三％の増加になり、今後このような急増はないとして他の地域とは異なる算出法が適用されたこと、などである。他区と異なる算出法は、都内二〜三の区にもみられたが、豊島区ほどの減少率にはならなかったようである。

減少区と名指しされてからの区の動きは速かった。出産年齢の女性に着目しての消滅警告だけに、ただちに「女性にやさしいまちづくり」を立ち上げ、豊島区の伝統である鬼子母神にあやかり、出産前からの切れ目のない子育てプロジェクトを打ち出した。他にもリノベーションまちづくりや国際アートカルチャー都市構想も立ち上げた。

リノベーションとは、文字通り資源の修復・再生を意味するが、区内に眠る遊休化している土地や建物等の「元気回復」再生施策である。豊島区には、まだまだ眠っている空間資源が多いということである。国際アート都市構想は、豊島区には池袋駅近くに東京芸術劇場があり、これまでも年間を通じて歌や踊り、音楽会等が行われている。文化や芸術の多様性を活かし、伝統文化はもちろん、サブカルチャーからハイカルチャーに至るまで、それこそ老若男女を問わずに交流を深めようというものである。海外出身者も多く、世界中の人が触れ合い「まち全体が舞台の誰もが主役の劇場都市」豊島を目指すという。

人口消滅への対策は、女性へのやさしさ・配慮・子育てから国内外のアートにまで及ぶ。筆者自身は、区内の大学に勤務していた関係もあり、これらの施策に大いに関心があるが、当面はイギリスとの比較に絞る。

豊島区の外国人

豊島区は総面積が、一三・〇一平方キロでタワー・ハムレッツの三分の二ほどの面積である。二〇一三年末で区内五番目（二万九九七四人）に外国人が多い。豊島区より上位に属する江戸川区（二万四二七〇人）や足立区（二万三一四〇人）は、オールドカマーに相当する在日外国人も多いのに対し、豊島区はニューカマーに属する中国系が圧倒的に多い点でも今後の日本の外国人の動向をみる上で参考になる。イースト・エンドの近年急増中のマイノリティは、東欧圏やアフリカのニューカマーであるが、豊島区のニューカマーは中国人、ベトナム人そしてネパール人である。

表序－2は、ここ四〇年間の豊島区の人口動態をみたものである。少子高齢化は、日本全体の最大の問題であるが、首都圏内とはいえ豊島区も例外ではない。二〇世紀の中頃に人口のピークを迎えたが、世紀末頃まで減少し、このところ持ち直しつつあるものの、内容をみると外国人に負うところもある。現在の区内の総人口（過去との比較の関係上外国人をのぞく）は、二五万人前後で、奇しくもタワー・ハムレッツと同規模である。

たしかに戦前まで多くの植民地を有し、さらにヨーロッパ連合にも加盟するイギリスと規模は異

表序－2　豊島区の人口動態

年	人口
1970 年	33 万 7256 人
1977 年	29 万 6292 人
1989（平成元）年	27 万 0965 人
1993 年	25 万 9253 人
1998 年	24 万 7216 人
2003 年	25 万 3461 人
2008 年	25 万 8470 人
2013 年	24 万 9894 人（1 月）

出典：『としま政策データブック』2012 豊島区政策経営部企画課をもとに筆者が作成
注：ただし 2012 年 7 月 9 日以降、外国人も住民基本台帳に記載されるようになったため、これまでの統計との比較上、2013 年の人口から外国人は引いている

なるが、豊島区のダイバーシティもなかなかである。全国的な『在留外国人統計』では確認できないので、豊島区独自の国籍別人員調査表で詳細をみると、表序－3の国籍以外にも、ネパール一六二二人、ミャンマー一一二四人、タイ二九六人、マレーシア一六〇人、インド一五六人、バングラデシュ一一九人と続いている（表序－4）。しかも増加の勢いも、ベトナムが一三年末から一四年末までに倍増したように、一四年一月から一二月までの間にネパールが一・七倍に急増しており、民族構成も刻一刻と変化している。欧米系がほぼ横ばいなのに比べ、このところ東南アジア系の増加が著しく、東京の東（南）アジアの中心都市化が目立つ。

集住の萌芽

なぜ豊島区なのだろうか。これにはいくつかの

表序－3　豊島区のエスニック・マイノリティ人口（人）

年	総数	中国	台湾	韓国・朝鮮	フィリピン	ブラジル	ベトナム	ペルー	米国
2002年末	15,735	8,661		3,099	476	82	—	21	359
2007年末	16,428	9,036		3,433	483	65	—	22	357
2013年末	19,974	11,012	812	2,752	413	49	652	24	410
2014年末	21,616	12,059	*	2,496	423	48	1,370	17	375

出典：2003年版、2008年版、2014年版『在留外国人統計』入管協会及び14年末に関しては豊島区国籍別人員調査表をもとに筆者が作成
注：＊は、豊島区は台湾を独自に集計していないので中国に含まれている

表序－4　2014年1月から12月までの国別人口の変化(豊島区)
（人）

	2014年1月末	2014年12月末
ネパール	954	1622
ミャンマー	1005	1124
タイ	279	296
マレーシア	118	160
インド	136	156
バングラデシュ	114	119
アメリカ	393	375
イギリス	122	134
フランス	197	220
カナダ	75	80
ドイツ	44	53

出典：『国籍別人員調査票』豊島区、2015年をもとに筆者が作成

要因が考えられる。伝統的にオールドカマーの多かった新宿区に隣接し、交通の要塞新宿と並ぶ池袋を有していること、大学も増え留学生も多いこと、なかでも中国系増加の背景には、二十数年前に豊島区の街づくりに在日中国人が参加し、一役買ったことなども遠因になろう（日本経済新聞、一九九四年五月二四日）。その後は、日中交流研究所が区内の一隅に設けられ、種々の生活情報誌を発行し中国系の食料品店等を介し、容易に手に入る生活のしやすさも大きい。

かれらの居住地に関しては、四半世紀前に豊島区の外国人を取り上げた調査がある。一九八八年〜八九年の調査によると、豊島区のなかで外国人が集中しているのは、大きく池袋、西池袋、東池袋の三地域である。本書は、集中の理由の一つにインナーエリアの木賃住宅をあげていた。いうまでもなくインナーエリアとは、旧市街地のことであるが（奥田・田嶋編 1991, 21）、それだけに商業と生活居住地が近接しており、そこそこに便利な所になる。

近年はどうか。基本的な集中地域の傾向性は変わらない。二〇一三年一月時点、豊島区内で外国人がもっとも多いのは、池袋二丁目であり一二七六人、池袋一丁目から四丁目全体の外国人は三四三九人で、全人口に占める割合は一五・九％と六人に一人弱である。同じ時期、日本全体では一・六％、外国人の多い都全域でも三・一％であるから、大変な率である。次に多いのは、東池袋で全体に占める割合は、一〇％に近い。この周辺への外国人の集中は、四半世紀前と変わらない。近年の変化は、四半世紀前は多かった西池袋よりやや南北大塚近辺が増えていることである。率にするとあまり変わらないが、実数では一〇〇〇人余り南北大塚の方が多い（表序－5）。

表序－5　近年の豊島区の外国人集中地域の動向（2013年1月現在）

	日本人住民	外国人住民	全人口に占める外国人住民比率
池袋1〜4丁目	18,251	3,439	15.9%
西池袋1〜5丁目	15,357	1,397	8.3%
東池袋1〜5丁目	18,728	2,030	9.8%
南北大塚1〜3丁目	26,125	2,394	8.4%

出典：豊島区政策経営部『としま政策データブック2013』をもとに筆者が作成

四半世紀経ってもいえることとは、区内の外国人集中地域がほとんど変わっていないことである。以前の報告者による集中要因の結論は、これらの周辺に安い木造の賃貸アパートがたくさんあることだった。一九六〇年代は、これらの木造アパートに農村部から出てきた出稼ぎが住んでおり、それに八〇年代以降、外国人が代わったとされる。ときは過ぎ、多くの木造賃貸アパートはかなり撤去された。それでも同じこの地域に多くの外国人が居住するのは、手ごろなアパートやマンションの存在である。

ちなみに、外国人の集住しやすい公営住宅は豊島区に少なく、隣接する板橋区や北区の五分の一なり、十分の一に過ぎない。しかも区営、都営アパートに入居するには、いくつかの条件がある。区内に一年以上の在住歴を有し、同居する親族をもち、かつ所得制限が加わる。むしろアジア系の集中には、同郷、同村かつ親族的な要因を加味した方がよい。

イギリスを参考にすると前述した通り各民族は、住宅政策による客観的要因と、隣人には同じ生活様式の民族、文化の人を求める主観的理由により、同一エスニシティどうしが固まりやすい。そのような傾向のなかで、比較的分散するのが中国人である。理由は、中国系に食料品関係従事者が多く、特定の場所に固まるのは営業上不利だからである。ということは、移民初期の頃の中国系の仕事は食料品店が多かった。現在は、中国系の生活も安定し、香港島のみならず大陸からの留学生も多くなり、イギリスの大学は中国系留学生で席巻されつつあるが、香港島の返還前後（一九九七年）のイギリスの中国系は、その多くが食料品店に吸収されていった。

移民初期には、どの国の民族も入国後の仕事に関心が集中する。中国系イギリス移民の仕事が中華料理店だったことは、日本にも参考になる。定時制高校や夜間中学の中国人生徒と話していると、たしかに親の仕事にコックが多い。日本の入国資格で認められている技能によるものである。イギリスでコックは、仕事の確保のみならず入国後の居住地を確保する上でも便利だった。しばしば、一～二階はレストラン、三階以上を従業員の生活の場にできたからである。とりわけ来たばかりの独り立ち前は、便利である。

イギリスで移民への入国制限を厳しくした折、あらかじめ新規入国者に入国後の仕事と居住地の確保を求めたことがある。しかし中国系には、何の歯止めにもならなかった。住居と仕事の統合は、この時期に食品業を営む中国系の強みであった。しかし豊島区をみる限り、こうした方法はほとんどみられない。そこには、イギリスと日本の入国管理施策の違いと現在の中国経済の格段の成長が関わっている。

中国系移民のなかには、生活のやりくりに追われる人も多いが、近年はマンション等を購入するゆとりある人も増えている。このとき、親族ネットワークが大いに活用される。永住権をもつ筆者の友人の中国人は、二年前に区内にマンションを購入した。すでに日本に来て二〇年くらい経つが、以前は、北海道や新潟県に居住していた。結婚を契機に他区の公団に入居、子どもはそこで生まれた。しかし生後二歳のとき、両親のいる中国にあずけた。子どもが小学校二年の時、住居を日本語学級のある学区内のマンションに移る。この購入には、親や親類の援助も得た。

出身は中国大連だが、成田から行きは三時間半、帰りは二時間半で行き来ができる。日本は治安が安全だし、住まいを確保していればどちらかの親が動けなくなったら、祖国に通うこともできる。日本を訪問させることも容易である。一人っ子政策のもとで扶養すべき親は、四人である。日本の中心部に安全に住める家があれば、何かと便利である。こんな戦略もあり、親族ぐるみで手に入れるのである。永住権を取得していれば、日本の銀行も支援してくれる。

加えて池袋東側には、二〇一五年四月から北京語言大学東京校が開設された。北京語言大学は、中国の国家重点大学の一つであり、特に語学関係ではトップレベルという。海外初の分校を、池袋に開学し中国に行かずに本国並みの高い中国語を中心とした教育を目指す。この背景には、中国経済の発展を背に中国語の需要が将来ますます高まることへの期待も込められる。勉学中の者は、少し足を延ばせば池袋周辺の中国コミュニティで中国語による実践的な訓練もできる。池袋周辺のチャイナタウン化に目を付けた開学ともいえる。

イギリスのアイルランド人は、近年本国の経済が成長したこともあり、貧困のためにイギリスに出稼ぎに来る人は減った。代わりに多くなったのは、高学歴者が専門的知識を活かすためにロンドン等に来る。ロンドンで仕事をしても、週末はコークやダブリンにひとっ飛びである。国境を越えた仕事と生活の空間的分離は、日本でも起きている。

不可視のマイノリティ

それにしてもこれほどのマイノリティが居住しているのに、それほど多いと感じないのはなぜか。日本にいる外国人の特徴として、アジア系が圧倒的多数を占めることである。二〇一三年末でみると外国人総数約二〇六万六〇〇〇（二〇三万）人中、アジア系が一六八（一六四）万人で八一・一（八〇・六）%を占める。次が南米系で二四（二五）万人、一一・八（一二・五）%、北米系六万（六万）人、三（三）%、ヨーロッパ系五九〇〇〇（五万七〇〇〇）人、二・九（二・八）%という具合である（カッコ内数字は二〇一二年末）。

人種というやや古めかしい言葉を使用するなら、アジア系はモンゴロイドであり、日本人と姿、形が似ている。移民研究のなかでは、このようなマイノリティをインビジブル・マイノリティと呼んでいる。みただけでは出身国がわからない、不可視のマイノリティという訳である。東京都は少ないけれど、全国的には二番目に多い南米系も、日系人が大半であり、二世、三世でも日本人どうしの結婚の場合は、不可視のマイノリティになる。ということは、日本の外国人といってもかなりの人が、可視化されないマイノリティとなる可能性がある。

ここにイギリスと日本の大きな違いがある。イギリスの戦後は、移民初期の頃でも白人の国へのカリブ系なりインド系の登場であった。その後の一九六〇年〜七〇年代のアフリカナイゼーションによる東アフリカ経由の移民ももとをただせばインド系なので、その出自は一目瞭然だった。可視化されたマイノリティは、どこにいても明示化される。この時期、移民制限強化論者から聞かれた「このまま入国を認めていては、六億のインド亜大陸系だけにどちらがマイノリティになるかわからない」との言説は、可視化されているだけ祖国が乗っ取られることへのイギリス人の不安や恐怖を率直に語ったものである。

しかし日本では、その多くが不可視のマイノリティなので、話でもしない限りはわからない。生活していてもそれほど国際化、多文化が進んでいるとは思えない。豊島区の姿は、まさにこれを裏打ちしている。表序－3からもわかる通り、区内のマイノリティ中、中国、台湾、韓国・朝鮮の人口だけでマイノリティの七五・八％を占める。その他のアジア系を含めれば、ここでもその数は優に九〇％以上になる。都会のアパートでは、日本人どうしですら話はしない。アジア系の海外出身者が住んでいても、同じ日本人が住んでいるとしか思わない。

両国のマイノリティの違いには利点と欠点が潜む。イギリスのマイノリティは、どうしても可視化されざるを得ないため、初期の時代がそうであったように街頭のレイシズム（street racism）が横行した。罵倒、肉体的な攻撃、乗車拒否、入場拒否、入居拒否など、露骨な人種差別が横行した。空き室広告でインド人や黒人が持ち主を訪問すると、すでに入居者は決まったと告げられ、白人が遅れて来ても入居可能ということが頻繁に起きた。それ以上に悲惨なのは、歩いていたり、公共的な乗り物に乗ったりしようとするだけで攻撃されることである。パブで一杯ひっかけた白人青年の黒人狩りは、ニッガーハンティングと恐れられ、人種差別は、まさに肉体的な直接攻撃だった。

可視化されたマイノリティへのストリートレイシズムは、もっとも弱い女性に多くふりかかる。登校下校中の嫌がらせから、悪さをされても助けてもらえない記憶、ひとり歩きの性的暴力にまで多岐に及ぶ。イスラーム系女子では、ひとり歩き自体を悪くとる文化があり（夜は特に）、暴力されても誰にも話さないこともある。それがレイシストにとっては、格好の標的ともなる。

こうした事件を一般大衆が知るに及び、人種差別や襲撃はあまりにひどいとして、三度もの人種関係法という名の人種差別禁止法が改正・整備されていった。生活の隅々にマイノリティが浸透し、かれらと寛容の精神で共存することなくしてイギリスの将来はないという意思表明である。誰の目からみても、社会の隅々で働くマイノリティとの共存なくして、社会が維持できないことは明白だった。

日本では、可視化されない分、公共的なレストランやタクシー等での入場、乗車拒否は少ないだろう。歩行中直接攻撃される人も少ないのではないか。このところヘイトスピーチが頻繁に行われ、顰蹙を買っているが、対象のみえないことが、より相手をヒステリックにさえしている。残念ながら、社会の隅々で働いている多くの外国人が、テレビでも新聞でも可視化されず、日本社会がここまで外国人に依存し、多文化、多民族化している現実が臨場感をもって伝わっていないのである。

筆者が定年前に勤務していた豊島区内のある大学には、常時五〇〇人以上の留学生が在籍している。全学生に占める率は三％を超える。筆者もそうだったが、学生に聞いても大学がこれほど多くの留学生を有し、国際化している現実を知る者は少なかった。アジア系が多く、インビジブルだからである。この特徴は、これから言及する保育園や幼稚園、小中高等学校にも等しくいえる。

それだけにマジョリティ側には、日本社会もすでに十分に多文化、多民族化している現実を直視し、共生には何が重要かを意識的、かつ執拗に問い続ける必要がある。

多国籍化の背景

生物学的には、日本で生活するアジア系は不可視のマイノリティであるが、法的には多国籍にまたがるマイノリティとなる。人は通常、国籍をぶら下げて生活しているわけではないので、これまたみえない存在であることに変わりないが、在住外国人が多国籍に分かれる背景には、制度的なものも絡んでいる。

教育機関に限らないが、日本社会がなぜ多国籍化するかには、三通り考えられよう。簡単な理由からいえば第一に、これから本書でみるようにグローバル化により、次々に海外から人がやって来ることによる。このような人は、日本国籍を取得するまで少なくとも五年はかかる。これはあくまでも最短の話であり、永住権を取得後帰化する人もいるので、永住権を取得するには最低一〇年かかる。

しかし多国籍化は、これだけによるものでもない。第二に、日本の国籍取得が血統主義によるものであることと、第三に他国の事情によるものとがある。国籍取得に血統主義を採用する日本では、日本人と血を異にする外国人は、帰化でもしない限りは何世代になっても日本国民と区別される。アメリカやカナダは、当地で出生した子どもには、それぞれの国籍が付与される出生地主義を取る。日本は、在日韓国・朝鮮人に典型的なように、親や祖父母の祖国を知らない三世、四世でも、帰化しない限り日本国籍は取得できない。こうした人が二〇一三年でも、日本全国で約三七万三〇〇〇人強おり、年々数は少なくなってはいるが、このような人々が常に一定数いる。

豊島区は、前述したように都内で五番目に外国人人口が多く、全国の自治体のなかでは七番目である。ということは、豊島区より外国人が多いのは、全国区市町村のなかで大阪市生野区と川口市の二自治体だけである。生野区は、二〇一三年末で外国人が二万八三七六人であるが、そのうち二万五七六八人を韓国・朝鮮人が占め、中国人は一六三九人である。実に今なお外国人の九〇%以上を韓国・朝鮮人が占めている。このなかには、もちろんニューカマーの韓国人も含まれてはいるが、在日韓国・朝鮮人も多い。豊島区でみても、韓国・朝鮮籍の者が区内で二番目に多い二七五二人おり、このなかには当然、特別永住者も含まれる。この問題は、都内には少ないが、日系南米人が南米諸国と日本国との二重国籍者になることと表裏の関係にある。

送り出し国の事情によるとは、国により国籍放棄を認めない国や他国の国籍を取得しにくい国がある。イスラーム国のなかには、イスラーム信者を資源とみることとも絡んで、国籍放棄を認めない国もある。こうした国の出身者は、受け入れ国が出生地主義か二重国籍を認める国であれば、二重国籍者になる。中国は、少数民族を除いて一人っ子政策の国である。他国の国籍取得を国家が認めないわけではないが、日本への留学生や若い労働者で祖国に老親を残していれば、帰化をためらう者も多い。

その点永住権の取得なら心理的負担は軽い。しかも日本に帰化すれば、中国への滞在はビザなしで最大一五日間であるが、日本の永住権を取得すれば中国に行っても、みなし再入国制度なら一年以内に、それ以上滞在したいなら正式の再入国制度で五年以内に日本に戻ればよい。特別永住者が年々減少するのと対照的に、一般永住者は年々増えており、なかでも中国人の永住権取得者は、二〇〇四年の九万六六四七人から二〇一三年末に二〇万四九二七人と一〇年の間に倍増した。

ちなみにこの間、在日韓国・朝鮮人を中心とする特別永住者は、約四六万五〇〇〇人から前述した三七万人台に減少している。早晩、永住者の構成も中国と在日韓国・朝鮮人で入れ替わるときも来るであろう。永住者におけるオールドカマーとニューカマーの逆転である。中国人に限らず、人間は異国にあっては特に、自分にとって最大の効用を原則に行動するものである。中国人に限らず、永住権取得の背景には、関係国間での入国、滞在、生活支援等に関する実利的なものも絡む。

このうち一番目と三番目は、今後も人の移動は続くし、かつ相手国の事情も絡むので容易ではないが、二番目の理由による多国籍化は、本来二〇世紀中に解決しておくべき課題であった。特別永住者のなかには、二〇世紀初頭の朝鮮半島の植民地化により止むを得ず日本にやって来た者も多い。

本来このような人には、植民地を清算する時点で国籍選択権を与え、そのまま日本滞在を望む者には、日本国籍を付与すべきであった。前世紀末には、このような考えから解決に向かう兆しもあったが、結局は実現しなかった。

かれらのなかには、未来永劫にいたるまで外国人扱いされ社会的活動に種々の制約を伴う日本を避け、海外に雄飛する者も多い。今後大学や大学院修了後の高度人材をどのように確保していくかが重要課題になると、外国人のままでも活動しやすい社会造りはもとより、特別永住者への国籍付与はただちに取り組むべき課題である。一口に学校や社会の多国籍化といっても、理由はさまざまである。

これから子どもの受け入れ組織や学習機関をみるにあたり、特別永住外国人よりはるかにニューカマーが多いのは事実であるが、韓国と答えている人に一部、日本への帰化を避け韓国籍にしている特別永住者も含まれることに注意しておきたい。

第一章　多様化進む保育園——激突する文化

園児受け入れの根拠法

居住地域の多文化・多民族化は、生活のさまざまなところに現れる。その一つが保育園児の出身地の変化である。人の移動には、単身と家族連れに区別できる。単身移動の代表は、技能実習生や留学になるが、専門労働者や高資格者には、家族連れも多い。家族連れに就学前の子どもがいれば、保育園なり幼稚園に入れることになる。

日本では、外国人に就学義務はない。しかし、子どもの権利条約や世界人権規約等は、日本も批准しており、外国人の教育を受ける権利は国際法に依拠して認めている。文部科学省も近年は、さまざまな機会にこうした方針を徹底している。それでは保育園はどうか。管轄が厚生労働省ということもあり、外国人の入所の根拠法が教育同様国際法にあることを徹底しているようには思えない。地域の子ども課や子育て課に入園の根拠を聞いても、住民であること以外、明快な回答の得られないことが多い。

しかし保育も外国人の権利は、教育同様、子どもの権利条約が参考になる。同条約一八条は、父母の養育責任を定め、2項で「父母及び法廷保護者が子どもの養育についての責任を遂行するに当たりこれらの者に対して適当な援助を与えるものとし、また、子どもの養護のための施設、設備及び役務の提供の発展を確保する」としている。近代以降、子育ては父母や保護者が、家庭でのみ行うとは限らない。とりわけ父母とも仕事をもつ場合は、保育園のような関連施設の果たす役割が大きくなる。これらを整備することは、国家の責任である。

同法3項は、まさにそれを視野に入れて「父母が働いている子どもが利用する資格を有する子どもの養護のための役務の提供及び設備からその子どもが便益を受ける権利を有することを確保するためのすべての適当な措置をとる」とある。地域に居住していれば、外国人も含め仕事により就学前の子どもをもつ保護者は、保育園等の施設を利用する権利をもつ。とするならば、厚生労働省はもとより、地方の各担当課もその根拠法を含め広報をしっかり行う必要がある。少なくとも、入所に関する多言語による情報伝達・表示は不可欠となる。

進む保育園の国際化

基礎教育に関する外国人の権利と比較すると、保育施設等への広報はいま一つだが、このところ保育園の国際化が著しい。保育園児の外国人統計は、入所が義務化されていないこともあり全国的

表１－１　近年の０歳児から４歳児までの外国人数

	計	男	女
2001 年	66,071	34,011	32,060
2006 年	66,098	33,889	32,209
2011 年	65,316	33,644	31,672
2013 年	68,354	35,400	32,954

出典：入管協会、2002 年〜2014 年『在留外国人統計』をもとに筆者が作成

統計はない。外国人の小学校入学前児童の全国動向から類推してみる。

　日本の年齢別人口は、外国人も含めて五歳きざみである。小学校入学前となると、〇歳から四歳までとなる。五歳次までの統計があれば、就学前の人数としてより正確になるが、次のきざみは五歳児から九歳児までと就学以後の児童も含むので、四歳児までのデータを使用する。

　表１－１からわかる通り、ここ一〇数年の四歳児以下の外国人の子ども数は、ほぼ六万七〇〇〇人前後で推移している（国土地理協会編、2014, 142）。この数には、小学校入学前の五歳児の数が欠けているので、四歳児までの各年齢層の平均値一万三〇〇〇人を五歳児相当の数として加えれば、小学校前の全外国人児童は、毎年、八万人前後となる（表１－１では、過去との比較の関係上『在留外国人統計』を使用しているが、本文中では一部、国土地理協会編で補強している。前者は各年とも年末集計であり、後者は一月一日である。一部の数字に若干の誤差がある）。

　地域別にみると、多いのは、関東の一都三県（東京都、埼玉、千葉、神奈川の各県）、大阪府と兵庫県、そして静岡県と愛知県である。過去の例では景気がよければ、これに群馬県や三重県などが加わる。反対に少ない県は、宮城県を除く東北各県であり、秋田県などは、一一年

末で四歳以下の外国人児童総数が三〇人を割っている。宮崎、鹿児島の両県も常時少ない。就学前の外国人児童数も、各県でばらつきがある。

前と同様の算出方法によれば、一四年の日本の同じ年齢の子ども（五歳以下）の総数は、約六四〇万人で、外国人の五歳以下の子は、ほぼ一・二％前後となる。五歳児以下の児童ということは、保育園と幼稚園の対象者であり、地域によりばらつきがあるものの、常時八万人前後の外国人児童の存在というのは、決して少なくない数である。

乳幼児の居場所

この児童たちがどこで幼児期を過ごしているかは、大きな問題である。ここに既存の調査結果がある。社会福祉法人、日本保育協会が一九九九年度と二〇〇八年度に行った全国調査（『保育の国際化に関する調査研究報告書』）である。ここでは新しい〇八年度を中心にみる。

本調査の分析では、全国を四七都道府県、一七政令指定都市、三九中核市に分け、一〇三のすべてから回答を得ている。その結果によれば、外国人児童の入所している保育所数を把握している自治体は五〇、把握していない自治体は五三である。また保育所に入所している外国人児童数を把握している保育所は四二、概数のみの把握が四九、まったく把握していないが九、回答なしが三である。

調査時点での外国人児童の入所者数は、公立保育園六一八五人、私立保育園六一二三人、合計一

万二三〇八人である。国籍を把握している保育園でもっとも多いのが、ブラジルの四三二二人、次が中国・台湾・マカオの二〇一九人、フィリピン九一九人の順である。

二〇一二年一二月二一日公表の学校基本調査によると、日本の国立を含む公立の小中高に在籍している外国人児童生徒数は、七万七五五人（二〇一一年五月時点での日本の公立小中高に在籍する外国人児童生徒数は、七万三〇〇〇人）であり、二〇一二年五月一日時点で、日本の公立の小中高在籍外国人児童生徒のうち、日本語指導を必要とする者は、約二万七〇〇〇人である。

小中高に在籍する一二年間の児童生徒から判断して、〇歳児から五歳くらいまでの乳幼児の在籍者数約一万三〇〇〇人弱というのは、かなり少ない数と思われる。前に「在留外国人統計」から、日本に滞在する五歳以下の子どもの数を八万人前後と割り出したが、この数をみても少ない。一部の児童が、四歳前後から幼稚園に行く者を差し引いてもである。家庭にいる者をのぞいても、乳幼児はどこにいるのか気になる。

のちに幼稚園でもみるが、就学年齢の子どもに比べて園児の受け入れに関しては、行政側にも対応不足があったのではないか。国際規約との関係もあり就学期の児童生徒には、不就学をなくすため行政側も窓口で慎重に対応するようになった。しかし園児となると行政の窓口も子育て支援課なり、幼稚園課になり、入園支援が適切に行われているかみえてこない。特に外国人の乳幼児は、学齢未満に加え、就学年齢の者さえ義務でもないこともあり、二重のハンディを背負っている。

小学校教員によると、保育園なり幼稚園で、座学なり集団生活の習慣を身につけないままいきなり小学校入学というのは、本人にとってかなりきついという。自分の名前や年齢を平仮名や日本語で表現できなかったり、簡単な数を数えられなかったりするとパニック状態になる子どももいる。小一ギャップは、保育園、幼稚園経験者にもいえるが、双方の経験のない子どもには、それ以上の関門となる。行政側にも就学以前の子どもがどこにいるのか、対策を練るためにもきちんと把握しておく必要がありそうだ。

保育所に入所している外国人園児の国籍別状況の動向も、保育協会の調査によれば自治体単位で把握しているのは、愛知県や静岡県等の三〇%で、多くの自治体が把握していない。東京都や神奈川県は、「回答なし」だし、滋賀県、京都府、大阪府も同じく「回答なし」である。就学前の子どもがどのような状況に置かれているか、多文化社会を迎え対応の急がれるところである。

区内保育園をみると

ある年齢別統計によると、豊島区の〇〜四歳の乳幼児数は四五八人である（国土地理協会編、II 2014, 510）。これにこれまでの五歳児の算出法により〇〜四歳児の平均値を加えると、〇〜五歳児五五〇人弱の数字が得られる。さまざまな所で出ている幼稚園や保育園の外国人の園児を加算しても、とても五〇〇人には及ばないため、具体的に区単位でみても子どもたちがどこに居場所を確保しているのか、不安になってくる。残りの多くは、待機児童なり親がみているというのだろうか。

豊島区内の繁華街近くにあるA保育園を例にとる。A保育園は二〇一四年時、〇歳児一〇人、一、

表1－2　A保育園の外国につながる児童数

	2002年	2014年
中国	9	9
バングラデシュ	2	
チリ	1	
ネパール		2
フィリピン		2
ブラジル		1
マレーシア		1
合計	12	15

注：2002年、2014年時訪問の聞き取りをもとに筆者が作成

二歳児各一八人、三～五歳児各二三人の計一一二人の中堅保育園である。訪問時には、中国、ネパール、フィリピン、ブラジル、マレーシアの子どもが一五人いた。すでに定員の一割以上が、外国人なり外国につながる子どもである。国別には、中国九人、ネパール二人、フィリピン二人、ブラジル、マレーシア各一人である。A園には二〇〇二年にも訪問したが、そのときの外国につながる子どもは一二人、中国九人、バングラデシュ二人、チリ一人であった。一〇数年たち確実に外国に連なる子が増え、かつ多国籍化が進んでいる。グローバル化の波は、保育園にも及んでいる（表1－2）。

保育士の数は、児童の年齢別に定められており（児童福祉施設最低基準第三三条2）、乳幼児は三人に一人以上、満一歳以上三歳未満の乳幼児には六人につき一人以上、三歳～四歳は二〇人につき一人以上、それ以上は三〇人につき一人以上である。これは最低基準な

ので現実には、ボランティアも含めるとこれ以上の人が張り付いている。ただ今後の幼保連携型認定子ども園になると、規制緩和も絡んでこれまでの保育士数が最高の基準になる可能性もある。

二〇〇二年の定員は一〇五人だったが、待機児童の増加が問題化されており今回は、一一二人に増えていた。保育園は、乳児、幼児もいるので教育よりも育児が重要である。それだけに親の文化そのものが激突する。お箸の持ち方、お箸は使用せずナイフとフォークの文化、同じ箸を使用しても食器を手でもつ文化ともたない文化、果ては離乳食のある国、ない国、数え上げればきりがない。一昔前までは、園児に正しいお箸のもち方をしつけるのは、保育園の大きな目標だった。今ではお箸のもち方も強制はできない。

年間の行事も多様である。子どもにとって楽しい正月も、中国、ベトナムは二月だが、タイやネパールは四月である。しかも、年により日にちが変わる国もある。新年明けに、「正月は何していた」、「どこに行った」と聞いても通じない。キリスト教文化圏では、正月よりクリスマスの方が盛大だし、文化が違うと新年の意味も異なる。

こうしたなかで配慮が必要なのは、やはり給食である。何しろ食べるのが仕事の乳・幼児である。幸い区立の各園には調理室があり、給食を個別に作るので、各国の文化をできるだけ尊重するようにしている。日本の児童にもアレルギーが増えており、この対応を参考に要望があればイスラーム圏園児へのハラルミールの提供も可能である。ハラルとは、イスラームの儀式に則った調理法による食事・食材のことをさす。もちろんイスラームの儀式に則った調理はできないが、忌避すべき食材は避けることができる。調理できない場合は、弁当持参も認めている。みんな一律をモットーにしていた日本の給食にも、確実に多文化の波は押し寄せている。

求められる多文化保育士

こうした多エスニック保育園では、保育士にも子どもの母語が話せて、保護者とも母語で話せる多文化保育士が貴重になる。しかし、現在の保育士の採用試験には、語学や異文化理解の資格は課されていない。そこでA園では、中国系の子どもが多いこともあり、臨時職員に中国人で日本語の話せる人を半年ごとの更新で採用している。

以前訪問した東海地方の企業城下町では、日系ブラジル人やペルー人の母語が話せて、親の相談にのれる保育士が、引っ張りだこだった。現在の豊島区には、中国語やベトナム語に堪能でかれらの言語や文化に通じる保育士が求められている。ただ難しいのは、海外に通じる子どもの出身地が、グローバル化の流れや時代により変わることである。

東海地方の企業城下町を例にとれば、一九九〇年代から二〇〇〇年代にかけては、日本語指導員やその補助者には、ポルトガル語やスペイン語の理解できる人が重要だった。日系南米人が多かったからである。しかし二〇〇八年のリーマンショックを転機に、南米人の帰国が相次ぐと、現在はかれらに代わりフィリピン人が多くなり、タガログ語の解せる人が求められている。

社会が「多文化」化するにつれ、子どもにより添い指導する補助者の役割が増す。それには、母語の解せる人が貴重であり、その雇用を安定させる必要があるが、グローバル化の激しい流れにのなかで、必要な人材をどう確保し、雇用を保証するか難しい問題もある。フィリピンの言語は、タガログ語や英語と考えられがちだが、日本にはミンダナオ出身者を中心にビサヤ語話者も多い。母語により添う補助者の安定的確保は、難題である。

保育園は、教育機関ではないということもあり、日本語に不自由な園児がいても日本語加配はない。かつ幼稚園にはある通訳派遣制度も対象外である。しかし現実には、園児の心の安定や保護者との意思疎通のため、それぞれの母語や母文化を解せる支援者が必要である。親は、子どもが日本語に不自由なのは外国人というより幼いからと考えるが、親とのコミュニケーションは重要なので、保育園では母語に詳しい臨時職員を採用している。

これからグローバル化がいっそう進めば、保育士採用の時点で、母語以外に少なくとも一カ国語の簡単な会話ができ、多文化社会論や共生論を修めた多文化保育士ともいえる人材が不可欠になるだろう。小中学校では、外国人児童生徒の多い自治体を中心に、教員向けの日本語指導や外国人受け入れに関する研修が盛んになりつつある。しかし保育士に関しては、子どもの心理や行動に関する研修会は積極的に行われているが、マイノリティや多文化に向けた研修はほとんど行われていない。

このことは全国レベルでもいえ、前出の日本保育協会による二〇〇八年の調査でも、外国人保育についてガイドラインのある自治体は、一〇三自治体中二自治体のみで、九九自治体になく、回答なしが二自治体であった。グローバル化が進めば、外国人保育のためのガイドラインはもとより、研修も不可欠になる。

　近年は、現在話題になっている小規模保育園が増加中である。私立ではあるが、豊島区にもこのところ増え始めている。二〇〇二年度より法律が改正され、無許可でも児童を扱う以上届け出が義務付けられ、ベビーホテルのようなものも届けなければならなくなった。さらに二〇一二年八月、「子ども・子育て三法」の成立により、一五年四月から認可保育施設制度がスタートすることになった。一五年時点で豊島区は、認可保育園、地域型保育施設、認定子ども園の三類型になり、まだ未定部分もあるが、たとえば公設公営保育園は一九、公設民営が三、民設民営が一四、地域型区立保育園には大小合わせて二〇園ある。区立はともかく、公設民営園を含む私立、地域型保育施設、認証保育所等にも外国人がどれだけいるか、状況把握が求められる。

第二章　幼稚園——就学前から多国籍

区内園児の現在

保育園の「多文化」化は、外国人が集中する地域ではある程度予想できる。配偶者も共に働くことが、保育に欠ける（近年「保育を必要とする」に変わる）状況を生むからである。しかし、同じ保育に欠けるとしても、東海地方と池袋には違いもある。東海地方の日系人は、その多くが日本人の身分や地位により入国・在留の認められた人々である。そのため、滞在中の仕事に制限は課されない。西欧社会でいう移民労働者と同じ身分である。その結果、両親が共働きをし、子どもが小さければ保育園にあずけることになる。

豊島区には、日本人としての身分や地位に基づき入国する日系人は少ない。にもかかわらず、保育園にあずける外国につながる人が多いのは、国際結婚や定住ないしは永住外国人が多いことを物語る。外国人の日本での滞在状況・資格も、刻々と変化している。この滞在中の資格の変化は、幼

表2－1　豊島区の幼稚園と園児数の変化

	園数	学級数	園児総数	修了者数
2003年	23（3）	85（6）	1739（141）	655（79）
2008年	22（3）	81（6）	1549（126）	640（88）
2013年	20（3）	78（6）	1694（152）	582（73）

出典：『豊島の統計』平成25年（2013年）版、豊島区より筆者が作成

稚園の「多文化」化からも推測可能である。保育に欠ける（「保育を必要とする」）訳でもなく、義務教育でもない日本の幼稚園に外国につながる子どもが多いのは、親が日本への定住、永住を希望する現れとみることもできる。親の一方が日本人であればもとより、定住、永住を決めた親にすれば、日本の幼稚園から子どもを教育しようとなる。

豊島区には、区立の幼稚園は三つしかない。しかも区立には三歳児用はなく、四歳児、五歳児用のみであり、いずれも定員三〇人である。区立幼稚園は、過去五年増減はない。私立幼稚園は、これまでに数園閉鎖している。区立幼稚園に三歳児用を設けないのも、私立幼稚園の経営を圧迫しない配慮からのようだ。区内の幼稚園数と園児数をみたのが表2－1である。カッコ内の数字は、区立の数である。幼稚園は、圧倒的に私立が多い。

外国人の児童が入園するには、①在留資格、②申込書への記入、③幼稚園と連絡して空き状況の点検、④身体検査という、日本の児童と異ならない手続きが必要である。入園の手続きは、区によっても異なり、新宿区は個々の幼稚園で受け付けているが、豊島区は、一括して教育委員会で扱う。そのため豊島区は、幼稚園の入園案内は広報でする。外国人

表2－2　2013年のB幼稚園の外国につながる園児の動向

	4～5歳児
フィリピン	3
スリランカ	2
インドネシア	1
ルーマニア	1
ケニア	1
韓国	1
中国	1
ミャンマー	1
合計	11

注：2014年訪問時の聞き取りをもとに筆者が作成

には、日本語が読めないことも多いので、インターネットによる英語、中国語、ファングルによる広報もある。以前は、「ハローとしま」や「ニイハオとしま」が奇数月に発行され紙媒体による情報提供がなされていたが、現在はインターネットに代わっている。

区立幼稚園も数年前からあずかり保育を開始した。本園でも全園児六〇人中一〇人前後が、幼稚園の終わる二時から五時まで残る。私立幼稚園は、園児の送り迎えと弁当持参が条件なのであずける人は少ない。あずかり保育をしても、五～六人程度だと人件費を考えると赤字になるという。ただし地域差があり、巣鴨近辺の商店街では、両親とも働いていることが多く、常時あずかり保育の希望者がいる。

これから取り上げるのは、都内でも外国人の多い豊島区のある区立B幼稚園である（表2－

表２－３　2003年の豊島区幼稚園の外国につながる園児の動向（人）

	4歳児			5歳児			計
	A	B	C	A	B	C	
中国	1	2					3
カナダ	1						1
ネパール				1			1
フィリピン					1		1
コロンビア					1		1
	4/66			3/79			7/145

注：2003年訪問時の聞き取りをもとに筆者が作成

2）。B幼稚園には、二〇一三年二月時点で四歳児二七人、五歳児二九人の合計五六人がいる。このうち外国につながる園児は、四歳児五人、五歳児六人であり、それぞれの年次の一八・五％、二〇・七％を占め、全園児の一九・四％、五人に一人の割合である。両親ともに外国人は六人で、残りは父母のいずれかが海外出身者である。国籍別では、フィリピン三人、スリランカ二人、その他インドネシア、ルーマニア、ケニア、韓国、中国、ミャンマーなどである。保育園がある程度多国籍化するのは理解できるが、幼稚園も地域によっては国際化が著しい。

幼稚園の国際化もいかに著しく進行しているかは、一〇年前の豊島区全体の三幼稚園（A～C）の動向をみればわかる（表２－３）。そのときは外国につながる園児は、三幼稚園の合計でひと桁だったのに、現在は一園だけで一〇人を超えている。幼稚園の「多文化」化の勢いが分かる。この勢いは、単に幼稚園のみならず、保育園を加えた乳・幼児、ひいては国内の少子化とも連動し若年層の「多文化」化、グローバル化の近未来を映し出している。

領域による学習

幼稚園の教育は、小学校以降の義務教育とは異なり教科別ではなく領域別である。すなわち国語や算数という教科に関する科目を習うのではなく、人間の基本を大きく領域ごとに分けて学ぶ。その領域は、現在、幼稚園教育要領に記されているように、健康、人間関係、環境、言葉、表現の五領域である。

健康領域の目標は、心身健康で明るく伸び伸びした子どもに育てることである。そのためには、先生や友達と触れ合い、遊び等を介して自分や身の回りのものへの関心を積極的に育てていくことである。人間関係は、友だちと触れ合うなかで他者への信頼を深め、自分への関心も高め、自立心を育成することである。そのためには、善悪の区別ができるようにするとともに、友だちとの交流のなかでいたわりの気持ちを育むようにすることである。

環境は、自分が生活している地域の環境に興味をもち、進んで好奇心や探究心を育成することである。そのためには、何よりも自分が生きている自然環境に親しみ、植物や虫に至るまで、生命や自分の生活に対する興味を惹起することである。ことばは、自分の身の回りの物や起きていること、経験したことを正しく言葉で表現し、理解すること、相手に説明できるようにすることである。そのためには、相手のいうことに耳を傾ける習慣や努力、さらには共感の感情を養うことである。表現は、文字通り自分が経験し感じたことを正しく相手に伝えること、そのことを通して創造性を高めることである。そのためには、感性を豊かにし、感受性を高めていくことが必要となる。

あえて幼稚園の教育を確認したのは、その教育目標が義務教育での教科の基礎知識というより、人間としての諸能力の基礎を豊かにする試みにあること、それだけに相手のいわんとしている意味理解、意思疎通が何よりも重要になることを確認するためである。

人間は、はじめから「国民」として生まれるのではなく、教育により「国民」になる。幼稚園での教育が、人間としての訓練から始まるということは、国民教育より人間としての教育の方が先行している事実である。小学校の上級生から重要になるのは、日常生活言語に対する学習思考言語であるが、幼稚園では、日常生活言語がすべてに優先する。まずは、生活のなかで教師や友だちの話す内容が何か、正しく理解することが求められる。

母語がようやく形成されつつある児童にとって、突然の異言語の出現は、多くの不安、混乱をもたらす。園児にとって、保護者の心の安定は特に重要である。児童の心理に直結するからである。日本語のわからない園児や保護者には、ごく初期（六ヵ月以内）のみ区の予算で若干の時間、通訳支援がある。以前は年間三二時間だったが、現在は区からスクールカウンセラーの支援事業が週一日、親も含めて相談にのっている。また四歳児、五歳児とも臨時指導員が二人付く。幼稚園時代の指導要録（学習記録）は、小一ギャップを少なくするためにもできる範囲で小学校へ引き渡される。

すでにイスラーム系父母からは、クリスマス行事には参加させたくない要望が出ている。幼稚園のなかにも近年の「多文化」化を見越し、特定宗教を連想する名は避け、「お楽しみ会」として開催する所も多い。先述したイギリスでは、父母の望まぬ儀式へ子どもを参加させない権利が認められている。親の信仰以外の宗教儀式から子どもを引き抜く権利である。日本の義務教育にも徐々にイスラーム系は増えており、儀式の在り方が問われることも起きるかもしれない。

他にもイスラーム系五歳の女子から、着替えは男子のいない個室で行いたいという希望がでている。いずれの要望とも、イスラーム系児童生徒を多数受け入れた西欧社会が日々経験している主流文化への異議申し立てである。幼稚園で他国と同じ要望がでていることは、義務教育でもイスラーム系児童生徒を受け入れる際、何に配慮すべきかを示している。

このようなことを述べたのは、このところ定点観測している学校を訪れたことによる。ある日の家庭科の授業は、米飯・豚汁《とん》の作り方であった。あらかじめ原料と素材、さらに火の強弱等の基本が、プリントで指示されている。生徒はそのマニュアルに従って、煮込みの段階から作り上げていく。男女共にエプロンをし、女子は髪を束ね、清潔ないでたちである。ひところ前からすれば、やはり時代の変化を感じさせる光景である。歴史をさかのぼれば、日本人が肉類を食さなかった時代もさることながら、短い歴史でみても、男子も割烹着姿になるのは、男女同権の時代の深化を物語る。

しかし今後グローバル化が進めば、米飯・豚汁が日本食のごくありふれたメニューであっても、イスラーム系の生徒が学校世界にも常態化したなら、かれらに代わりのメニューなり引き込める権利を保障しなければならなくなるだろう。イスラームにとって豚は、単に食さないのみならず、遠ざけなければならない不浄のシンボルでもある。

イギリスで人種関係法が導入される前のイスラーム系に対する嫌がらせの一つは、豚がプリント化されたバッジをつけてムスリムに接することであった。迫りくるグローバル化に身をゆだねるということは、こうした配慮もメインストリームでは心がけていかなければならなくなる。

観光客を二〇二〇年のオリンピックまで、二〇一四年の年間一三四〇万人から二〇〇〇万人にまでもっていこうとする業界では、ハラルミール、ハラルミートに関する話題でもちきりである。しかし真の国際化は、こうした学校教育の場でも定住外国人のもつ他国の文化にも配慮するものでなければ、やはり底の浅い交流にしかならない。日本は、外国人をも日本人同様、地域に生活する共通の市民と受け止め、そこまで配慮する覚悟があるのか、試されることにもなる。

一元化阻む固定像

保育園と幼稚園では、その役割の違いが強調される。保育園には、〇歳児から五歳児まで昼寝の時間があり、毛布も置いてある。五歳児に関しては、地域や夏休みを挟んだ前期と後期でも異なるが、昼寝の時間を設ける所もある。また〇歳児や一、二、三歳児は、まさに遊びが学びである。〇歳児から五歳児までの時期は、一歳違っても精神の発達レベルが大きく異なる。この違いを無視して、隣で授業をするのはたしかに難しい。

また保育園には、遅刻や欠席という観念もない。何時までに来園しなければならないというのではなく、保育に欠ける（保育を必要とする）時間に連れて来る。親が帰宅したなら、いつ迎えに行ってもよい。保育に欠ける（保育を必要とする）状態が解消されれば、園の秩序を乱さない限りでその辺は自由である。夏休みも幼稚園にはあるが、保育園にはない。日曜日以外でも保護者がいれば休んで、むしろ親とのスキンシップを深めることも必要である。

保育園と幼稚園では、働く人も雇用条件も異なる。保育園には、保育士はもちろん看護師、調理師がいる。幼稚園には教師しかいない。保育士は、基本は児童福祉施設の勤務なので、保育所以外にも母子生活支援施設や児童養護施設、知的障がい児施設等児童福祉法に定める一四種の施設での勤務がある。

勤務時間も勤務日も、給料体系も異なる。保育園には、日曜日も交代勤務があり、勤務時間も交代制とはいえ、通常は朝の七時一五分から夜の六時一五分までの一一時間（それ以上は延長保育）である。保護者の勤務時間と通勤時間を考慮した時間設定である。保育園は、学校のように父母が選ぶこともできない。役所が、園を決めるため「入所会議」をもち、地域にもよるが一般には「入所承諾通知書」が送付される。認定子ども園が動き出せば、「保育の必要性の認定」が行われ、保育の必要性の高い方から入園内定が出る仕組みである。

要するに、保育園と幼稚園の違いをあげればきりがない。しかし、現在の保育園や幼稚園に関する理念は、かなり古すぎるように思われる。もともと保育所の設置は、一九四七年一二月に児童福祉法が定められ、第七条で児童福祉施設として助産施設、乳児院、母子生活支援施設と並んで保育所の設置が義務づけられた。三九条の設置目的はいう。「保育所は、日日保護者の委託を受けて、保育に欠けるその乳児又は幼児を保育することを目的とする施設とする」。ときは終戦二年後の動乱期であり、施設という言葉が問わず語りに示しているように、保育園には、生活が困難でシングルなり共稼ぎにより保育に欠けるという固定像があった。保育所とは、保育に欠ける者の社会福祉機関であり、厚生労働省に監督・管理が求められたのもこのためである。

しかし現代は違う。新宿区に保育園は眠らないとのうたいのもとに、二四時間園児をみる保育所がある。歌舞伎町にも近いだけに、筆者も訪問するまで保護者の多くは、自営業や接客業関係者が多いと予想したが、事実はまったく違った。医者、弁護士、キャリア官僚等、就業時間によらず専門家として働く夫婦が多い。保育に欠けるとはいっても、その内容は過去とは異なる。共に働くのは、生活に追われてではなく専門資格を活かすためである。こうした園児のなかには、年長組ともなると幼稚園経由の児童と小学校で学習上の差がつかないよう通塾させる者もいる。教育熱心な親も多い（日経新聞、二〇一五年五月二六日）。

同様に幼稚園像も古い。豊かな女性は家におり、子どもの送り迎えができるとの前提がある。毎日一時前後に子どもの出迎えを求めるのは、女性はいつも家に居るとの想いもにじむ。高等教育修了の女性が多い現在、女性の多くも働きたいのだ。保育園児も幼稚園児も、保護者の仕事が多様化している折、ともに幼児教育の重要な期間として位置づけ、統合を考える必要がある。

世論の支持もあり、政府は二〇〇六年幼保の機能を併せもつ認定子ども園の設置を可能にし、二〇一二年八月に既述の「子ども・子育て支援法」ができた。これに伴い長年行政で使用されてきた保育に「欠ける」という表現も、保育を「必要とする」に代わってきている。さらに二〇一五年四月からは、「子ども子育て支援新制度」で保育施設の拡充もはかろうとしている。拡充後のメリット、デメリットを論じるには、材料が少なすぎる。自治体によっては、模様眺めの所もあるのでここで詳述は避けたい。ただ、幼保の再編には、認定子ども園以外にもありそうだ。

義務教育の低年齢化

筆者自身、双方を統合させる鍵は、義務教育の低年齢化が握ると考えている。二〇〇六年一二月に教育基本法が改正された際、旧四条の義務教育九年という数字が削除された。新法で義務教育を定めたのは五条だが、期間の定めはない。将来、義務教育年齢を下げるための措置と思われる。幼児教育を再編し、早期入学への下ぞろえともいえる。グローバルな人材獲得合戦が、世界的に繰り広げられているもとでは、単に大学、大学院教育を充実するばかりではなく、幼児期からの教育が重要である。義務教育の開始年齢が六歳という日本の現行制度は、世界的にも早い方ではない。

イギリスの義務教育は、長らく五歳の初等教育から一六歳の中等教育終了までの一一年間であったが、多くの学校で四歳の誕生日を終えた時点で受け入れが行われており、最終年齢も「二〇〇八年の教育・訓練法」(Education and Skills Act 2008) で一八歳まで引き上げられた。アイルランドの義務化は六歳から一五歳までだが、多くの児童の初等教育は四歳から始まっている。オランダもそうである。フランスは六歳から一六歳であり、ドイツは州にもよるが日本に近く、アメリカは州によって異なる。世界的にみても初等教育は早まる傾向にあり、イギリスやオランダ、アイルランドの例は、日本でいえば、四～五歳の誕生日を終えた最初の学期からということであり、日本より早い。

義務教育年齢を一年下げただけでも、双方の障壁はかなり軽減できる。乳児、幼児期は遊びが学びであり、未来の幼稚園児は、この間家庭がみているだけである。小学校入学年齢が五歳児からになれば、幼保分断の期間はかなり縮小される。これに向けた地ならしは、整えられつつある。政府の教育再生実行会議も同意見である。

二〇〇六年一二月の教育基本法改正に伴い、その後学校教育法も改正された。従来幼稚園に関する規定は、学校教育法第五章の大学、同第六章の特殊教育に続く第七章で規定されていた。第七章は、学校教育法の学校に関する規則の最終章で、次は第七章の二専修学校であるから、基本教育の補完的な位置に置かれていた。しかし前回の改正では、小学校の規定に関する第四章に先行する形で第三章に設けられ、義務教育につながる位置が付与されると同時に、重要な内容も加味された。

旧学校教育法の幼稚園の目的は、第七七条「幼稚園は、幼児を保育し、適当な環境を与えて、その心身の発達を助長することを目的とする」だけであった。しかし、改正学校教育法では、第二二条で幼稚園の目的が規定され、「幼稚園は、義務教育及びその後の教育の基礎を培うものとして、幼児を保育し、幼児の健やかな成長のために適当な環境を与えて、その心身の発達を助長することを目的とする」と、小学校教育の前の基礎教育として義務教育に接続する重要な地位が与えられたのである。もちろん学校教育法施行規則でも幼稚園は、小学校の前に位置づけるように改正された。

これらの変化を受けて政治の世界でも幼児教育に関し、選挙公約に登場するようになった。民主党の子ども手当に代わって、自民と公明による幼児教育の無償化が検討されており、消費税の値上げによる税収の一部は、幼児教育の無償化にあてることになっている。幼児教育の再編が、グローバルな人材育成という時代の要請とも関連して、幼保一元化の鍵を握るように思われる。

前述したが、二〇一五年四月から幼保連携型認定子ども園が始まった。どの程度連携が進むかは、自治体にもよる。これまで三歳から六歳児の小学校入学前までは、厚生労働省と文部科学省に管轄が分かれていたが、連携いかんではこれに子ども園を管轄する内閣府が加わる。もともと総合子ども園法案の時点では、〇歳から二歳は保育園にし、三歳以上は認定子ども園にする計画であったが、時期尚早として幼保連携型の認定子ども園になったいきさつがある。しばらくは、認定子ども園も保育園型、幼稚園型、地方裁量型を自治体目線で決めていくことになる。自治体によっては、保育園をそのまま残すどころか移行した子ども園を返上し、もとの幼稚園や保育園に戻す動きもあり、地域によって管轄が三つになる所も出てくる。一五年度より三歳以上の一部認定子ども園児数は、「学校種」に分類され幼稚園児に数えられるようになる。ただ幼保の管轄が、これまでの二省から三つ巴になる訳で、現場の混乱回避のためにも就学低年齢化とセットに複雑さの緩和が望まれる。

第三章　小学校——どこに向かう学校選択制

重要な就学案内

保育園、幼稚園の「多文化」化がたしかに進行している。この卒園者の多くが小学校に入学する。近年、小中一貫だけではなく、幼小一貫も進んでいる。豊島区では、幼稚園児のスムースな受け入れを目指して、園長・校長会議が月一回のペースでもたれている。ただ、学校選択制が導入されている現在、地域内の園児が指定校に行くとは限らない。また、幼稚園（保育園）に行かない子や新しい児童もおり、地域の小学校への入学者の最終確定は、入学式後ということになる。

日本人もそうだが、特に外国人にとり地域の学校への入学には、就学案内や就学通知の果たす役割が大きい。ただ外国人には、日本の学校に就学する義務は課されていない。そのため以前は、外国人への就学に関する情報が欠けていた。近年では、オールドカマーの子どもの経験や日本も批准している初等教育の義務化に関する国際条約との関係もあり、多くの自治体が外国人児童生徒にも就学案内を発給している。

定期的に省庁の業務を点検する総務省も、文部科学省に外国人児童生徒を含め就学案内の発給を要請している。ただ日本人は、一条校への就学が義務づけられていることもあり、就学通知が多かったが、このところ区立小中学校は、隣接校選択制になったので日本人にも最初は制度の案内が行われ、倍率の生じた学校には抽選を行い、入学者が確定した時点で入学通知書が送付される。外国人で日本の学校を希望する場合、外国人登録が廃止され、移動の際は外国人も住民登録課や市民課などに届け出なければならなくなったが、就学児童生徒がいてもこれらの窓口で日本の学校への就学希望の有無は問われないことが多い。外国人登録が廃止された現在、就学案内がきちんとなされているかどうか気になる。また区内に住居があり、就学期の児童生徒に就学案内を発給する場合と、学期途中の移動では扱いも異なるので注意を要する。

従来、外国人の管理には二種類あった。一つは外国人登録制度によるもの、二つが入国管理法によるものである。超過滞在者（不法在留者）は、後者に違反するが外国人登録は可能だった。外国人登録は、在留資格を問わないため居住事項と身分事項が確認できれば登録できた。居住事項とは住所のことで、居所が確認でき就学児童がいれば、就学案内を発給した。

現代は家族が多様化している。二〇一二年七月九日以降、外国人登録制度は廃止され在留制度に変わったが、以前の国際結婚では、父親が日本人、母親が外国人の場合、父親は住民基本台帳に登録されたが、母親や日本国籍を取得しない子どもは外国人登録だけであった。そのため住民基本台帳だけでは、就学児童の漏れるケースや反対に母親が離婚し、子どもが日本国籍取得者なら、母親の外国人登録による就学児童の有無確認は困難だった。たとえ母親が引き取っても日本国籍の子どもは、母親の外国人登録には載らないからである。

この場合はむしろ、子どもが住民登録上世帯主になり、世帯主当人が就学予定者になる。やや古くなったが、外国人登録制の時代（二〇〇四年）、豊島区内だけでこのような子どもが毎年二〇～三〇人いた（二〇〇二年時点で子どもが世帯主というのは、六〇人いた）。母親の国籍の多くは、フィリピン、タイ、中国などである。日本人の配偶者として在留していた母親は、離婚後在留資格が問われるが、子どもは認知されれば父親の国籍に入るのでそのまま在留可能である。

当時、子どもでありながら世帯を構成している者が、豊島区だけでも二〇〇人に及んだ。飲食街に働く女性との間に子どもが生まれ、男性が認知しても自分の籍に入れないと、子のみが独立した形で住民登録され、母親は外国人なので住民登録はできず、子だけが日本人として登録されたからである。

新しい在留制度は、入国管理法と外国人登録法の双方を統合化させ在留カードに一本化し、住民基本台帳への登録も義務づけた。現在なら就学期の子どもがいれば、住民基本台帳による判別が可能である。しかし反面、在留カードに一本化されたため、何らかの事情で在留カードが得られないと、これまで受けてきた地域住民としてのサービスが受けれない可能性もある。

教育に即していえば、旧制度では在留資格はなくとも外国人登録により居所確認がなされ、地域の学校に通学していた児童生徒が、新制度により親が在留カードを取得できないと、就学案内が発給されないことも起きる。このような事態の発生は、新制度導入前から危惧され、教育委員会によっては、在留カードの交付対象にならない者も就学手続きが可能なことを呼びかけた教育委員会もある。

たしかに就学中の者ならそのまま学年を更新するのは可能としても、小学校から中学校へ、さらには高校へと切り替えるときは、種々の書類が必要となり、手続きが取りにくいことも起きる。転校にも懸念は残る。転校の際は、在籍校の退学届けと在学証明書を相手校に提出し、さらに教科書図書給与証明書と転学届けを転入先の教育委員会に提出して入学の申請をする。これらの手続きに、在留カードがなくとも支障がないとはいいきれない。

のちほど言及するが、ボランティアによる高校進学ガイダンスでは、司法書士による相談コーナーも設けられているが、この種の相談が結構多い。教育を受ける権利は、基本的人権の一部でもあるだけに制度の切り換え以降の問題に注意する必要がある。

就学通知の機能

就学案内・通知には、単に教育だけではなくいろいろな機能がある。すでに就学通知自体が、健康診断を受けた者に発給され、就学前に治療を済ませておくことも連絡されるので、子どもの健康状態に始まり、地域で生活しているかも含め子どもの居住実態の状況把握にもなる。日本では、就

表3－1　就学通知数と実際の入学者数（豊島区）

2002年度	通知数	入学者	差	2003年度	通知数	入学者	差
小学校	63	35	28	小学校	60	24	36
中学校	43	29	14	中学校	49	24	25
合計	106	64	42	合計	109	48	61

注：2002年、2003年訪問時の聞き取りをもとに筆者が作成

学前の乳幼児はともかく、就学後の義務教育段階では、基本的な健康チェックは学校を通して行われる。結核検査や体格検査がそうである。義務化されていない子どもの検査は、どうなっているのか。

今となってはやや古いデータになるが、豊島区で二〇〇二年に外国人小学生に就学案内を出した数は六三人、実際に入学した者三五人、中学生は四三人に出し、入学した数は二九人、それぞれ差は二八人と一四人であった。二〇〇三年度も、小学生六〇人、中学生四九人に出し、入学した者は、小中とも二四人ずつであった（表3－1）。

入学しなかった児童生徒は、朝鮮学校やインターナショナル・スクールを含む私学に行ったと推測される。日本人なら就学案内を出して何の音沙汰もなければ、学校関係者が家庭訪問して確認する。外国人の場合もいったん在籍すれば、不登校などの際、日本の子どもと同じ扱いになるが、就学案内時点で返答のないケースには、家庭訪問まではしない。

そのようなかで二〇一四年春、教育関係者に衝撃が走った。神奈川県厚木市内のアパートで、五歳の児童が白骨化してみつかったのである。死後七年も放置され、その間、教育委員会も児童相談所も、近所の人すら気がつかなかった。この事件がきっかけとなり、住居届け出先に送付

した就学案内などが戻ったケースを調べてみると、就学児童生徒でも全国で七〇〇人、東京都だけでも三七八人もの不明の子どもがいることが判明した（東京新聞、二〇一四年五月三一日。同七月一五日）。すべてがもれなくシステム化、管理化されていると信じていた近代社会の盲点が、あぶり出された形である。

これが明らかになったのは、就学が義務化されている日本人だからでもある。就学が義務化されていない外国人の子どもは、こうした把握すら難しい。厚木のケースも、夫の家庭内暴力（DV）に悩む母親の家出が原因で、そのうち父親も自宅に戻らなくなって起きた。外国人に類似のことが起きても不思議はない。前の区の就学案内を出した数字と手続きをとらなかった差に、不就学がいないとは断言できない。

のちほど取り上げるが、人の移動が盛んなこんにち、国際規約に照らして外国人児童生徒の就学も義務化する必要がある。繰り返しになるが日本では、発育に即した子どもの予防接種や医療上の措置は、学校を介して行われることが多い。健康で文化的な最低限度の生活は、人権の一部であり、子どもの人権上の差別をなくすためにも就学義務に関する国籍上の差をなくす必要がある。

家族関係の多様化

先に家族が多様だと述べた。ということは国際結婚もいろいろあれば、国際離婚もさまざまである。国際離婚の場合は、在留資格の変更を伴うことも多いので、子どもの教育にも連動する。国際離婚で母親が外国人、子どもが日本国籍取得者だと、母親は子どもの養育で定住の在留資格を得ることがある。

しかし中国などは、祖父母が孫を養育する伝統・文化があり、子どもを祖国に帰すことがある。これはシングル家族に限らない。父母共に健在であっても返すことがある。中国は、少数民族でもない限り一人っ子政策なので、老夫婦は孫の帰国を歓迎する。まさに文化の問題である。ただし子どもの養育による定住は、在留資格にもかかわるので、更新の際、就学期の子であれば在籍校への通学の有無確認が行われることもある。

本国に帰された子も、就学年齢に達すると日本に呼び寄せることが多い。しかし海外で生活していれば、たとえ日本生まれであっても日本語は話せない。生まれが日本か否かは、日本語力に関係しない。このような児童が増えている。しかも親にとって日本は外国だが、子にとって日本は祖国であり、来日は「帰国」なのだ。家族の多様化は、出生国と成育国の空間的分離という子どもの生育環境の多様化にも通じる。

もちろん国際離婚をした親が、そのまま日本に在留し、海外から親を呼び寄せることもある。母親が仕事に出た後、子どもは祖母と家に残る。当然、コミュニケーション言語は祖母の言語になる。母親が帰宅しても祖母の言語のため、日本生まれ、日本育ちでも小学校入学時に日本語があまり分からない。他にもフィリピン系の子どもなどには、再婚者も多く、父親が日本人でも血統的なつながりがないため母親との関係が強く、家では母語が中心となり日本語の不得手な者もいる。

家族内で多言語化が進むと、部屋によって使用言語を決めている家族もある。特定の部屋では、自分の母語なり特定の言語を使用するよう家庭内に「国境」を設けるのである。学校によっては、教室では日本語だが、国際教室では外国につながる子どものストレス発散も兼ねて母語の使用を積極的に認める所も多い。学校内部に一種の「国境」のあるケースだが、これが家庭内にも持ち込まれている。家族のあり様の変化もここまで来ている。家族の多様化と日本語指導の重要性は、ここでも結びつく。

年々拡大する出身国

ここで具体的に学校に即して考えてみる。取り上げるD小学校は、豊島区の中心街に近い中規模校である。繁華街に近いにもかかわらず学級総数は、二〇一四年度で八学級しかない。都の学級数基準四〇人(ただし小一、二のみ三五人学級)を考えると、小学校は六年制なので基準を超える学年が少ないことを意味する。事実、二〇一四年度をみると、一年生と三年生のみが二クラスで、残りはすべて一クラスである。昨今のすさまじいばかりの少子化は、都心部でも進んでいる。過密のなかでの過疎である。

それゆえ学校統廃合も進められ、本校も二〇〇五年四月に他校と合併して生まれ変わった。現在、二四〇人前後の児童が学んでいる。二〇一五年度は、総数五四人の新入生を迎えた。五〇人突破は久しぶりの快挙である。ここ数年の新入生は、三〇人から多くて四〇人台で、それも日本人の児童は年々減り続けている。一定なのはむしろ外国人の子どもである。

D小学校区の外国人は、学校統合前でも豊島区内でもっとも高い三〇〇〇人以上であり、外国人の少ない学区二〇〇人台の一四倍である。二〇一三年時点で同学区内日本人人口一万四八九一人に対し、外国人人口三四四九人で、実に外国人人口が二三％である（豊島区政策経営部『としま政策データブック二〇一三』2013）。外国人児童で、かろうじて三〇人台を維持していることになる。同校では、全児童の一四％前後が外国人児童であり、両親のどちらかが海外出身者となると正確な数字は分からないほど高い。家族の在り方が、まさに多様化している。外国人で多いのは、中国（台湾を含む）、フィリピンであとは年度により異なる。近年の外国人の出身国の傾向は、アジアはタイ、バングラデシュ、ミャンマー、インドから遠くは中東、アフリカに及び多国少数分散型が顕著である。

都の学級数は四〇人が基本と述べた。ということは、学年により四一人のときは、二〇人と二一人の二クラスに分かれ、三九人なり四〇人のときはそのまま一学級である。筆者はたびたび学校を訪問するが、二〇人学級と四〇人学級では、教室に入ったときの印象がまったく異なる。四〇人学級は、教室に空間がなく、かなりの圧迫感である。この感覚は、教員のみではなく子どもも同様だろう。

日本語学級

同校には日本語学級（後述）があり、このところ毎年三〇人前後の児童が指導を受けている。日本語指導の基準は、一〇人まで一クラス、二〇人まで二クラス、それ以上は何人でも三クラス止まりである。日本語指導教員は、一四年時点で三人。毎年、四月一日時点の人数によるため、その時点で二〇人未満なら二クラス、その後は、新学期の始まる四月五日前後に二〇人以上になっても変わらない。外国人は、ほとんどが学期途中でやってくるので、教員の負担増がしばしば起きる。

同校で日本語学級の担当になると、その年度は一般学級をもたない。年度が変われば、日本語学級から一般学級に戻ることはある。日本語学級の職員室は、一般学級のとは違う所にあるので、日本語学級を担当すると学校全体の動きに疎くなる可能性もある。それも関係してか、年度によって日本語学級担当者がなかなか決まらないことも起きる。最終的には、校長の職務権限（職務分掌）で決めるが、輪番制を採用しないと立ちいかなくなるかもしれないという。そうなると、日本語指導の専門性や蓄積の伝わりにくいことも起きる。

現在との比較を兼ねて、一〇年前の本校の外国につながる子どもの動向をみておく。大きな変化は、以前は、外国につながる児童は、国別に集計されていた。しかし現在は、子どもの教育にとり重要なのは国ではなく母語だという考えから、母語別に集計されている。表3－2で台湾がなくなり中国とあるのは、正式には、中国語を母語にする者の意味である。

日本語指導は、最長三年間受けることができる。受け入れ学年によりそれでも不十分なときは、

表3－2　2002年、2003年及び2014年度の国別児童の動向

国名	児童数（2002）	児童数（2003）	児童数（2014）
中国	12	16	23
台湾	9	7	
韓国	1	3	
フィリピン	4	5	3
タイ	2	3	1
バングラデシュ	1	1	2
チェニジア		1	
インド		1	
インドネシア			1
ネパール			1
アラビア語			1
英語			1
合計	29	37	33

注：2002年、2003年、2014年訪問時の聞き取りをもとに筆者が作成

延長することもある。取り出し回数は、多い児童で週五回、少ない児童で週一回である。取り出しする科目は、国語と社会であり、国語だと週二回取り出しする。取り出しの際の通知表の記入は、国語に斜線が引かれ、評価対象外科目となる。現在小学校の評価は、一年の二学期から三段階評価である。一年生の一学期のみ異なる評価である。

さらに豊島区には、日本語の不自由な児童生徒と保護者のために初期指導協力者（通訳）派遣制度があり、児童生徒は年間三二時間、保護者は二時間利用できる。ただしこの制度は、教育センターの管

轄にあり、教育委員会とは場所も離れているせいか、制度自体があまり知られていない。

日頃の指導が報われるとき

毎年年度の終わりに近い二月になると、日頃の日本語学習の成果を発表する、日本語学級学習発表会がもたれる。一年の成果といいたいところだが、児童によってはほんの数ヵ月前に来た児童もいる。会場で知り合った保護者の児童は、五ヵ月前に来日したという。滞在日数には関係なく、日本語学級に在籍している児童三四人全員が、それぞれの課題について日本語で発表した。一人で自作の物語を述べる子もいれば、チームで劇を披露する者もいる。あらかじめ日本語指導教員と児童とで、日本語力を考慮しつつ発表形式を相談する。

当日は、原学級の担任や保護者、校長も参加するので七〇名規模のにぎやかな会になる。司会者、はじめの言葉、終わりの言葉もすべて日本語学級で学んでいる児童がする。保護者にとっても、子どもの成長をみるのは楽しいに違いない。物語を担当した三年生の「トイレにおばけが出た」話しなどは、日本の児童も顔負けなほどしっかりしていた。

日本語に苦労した経験をもつ児童ならではの考察と思われたのは、四年次の「調べて発表しよう」で、「身の回りにある点字」の話しである。この児童は駅に行き、ホームの乗車口付近にある黄色いマークの凹凸に注目し、目のみえない人への点字ブロックであることを報告した。凹凸が、視覚障がい者への誘導用ブロックの任を果たしていることを自ら体験し、大人でも気のつかないことに注目していた。その他上級生の論語の注解などは、中国から来た子どもであろうか、なかなか深みのある喩えであった。

終わりの挨拶は、バングラデシュから五年生のときにやってきた子である。かれは、一足先に親のいる日本に、日本語はもちろん日本についての知識もなく一人でやって来た。都内の高層ビルに圧倒されつつ、成田から親のいる豊島区までたどり着いた思い出は、かれ自身にとっても感慨深いものであったろう。かれは、上級生で教科が難しいこともあり、通常より一学年下の一年過年で本校に編入した。日常会話はほぼ完璧である。

学習発表会は、担当者にとって日頃の指導が報われるときでもある。児童にとっても母語と異なる言葉で最後まで語り通した経験は、よい自信になる。保護者も、子どもがしっかり日本社会に受け止められていることを実感するときである。自分の子どもの発表風景を、いろいろな角度から写真に収める姿が喜びを映し出している。地に足着いた真の国際交流とは、受け入れ児童にこうした確実な学力をつけることから始まる。各学校が、その力を保障する場であって欲しい。

筆者は、他にもいろいろな学校を訪問しているが、同じ取り出し指導でも教員の空き時間を利用する方式では、教材も設備も貧弱なことが多い。日本語学級が設けられている所は、専属の教員の周りには日本語指導のための教材や指導上の機器が完備してある。本校でもある日の授業は、社会科の湧水に関するものであった。近年、東京都の湧水が減少しているという。しかし六年生とはいえ、湧水減少の原因を探るのは難しい。湧水の説明自体が、日本語指導を必要とする者には難題である。

しかし、日本語学級にはビデオ装置があり、担当者は湧水を映像で説明した。さまざまな河川からいかに湧水が発生するか、都内のビル化、コンクリート化が、いかに湧水の経路を遮断するか、一目瞭然である。映像を通していかに文明が、ときには自然の有機的な関係を引き裂くかもわかりやすく映し出す。今や映像機器は、言葉も文化も異なる教育世界でイマジネーションを豊かに掘り起こす必須の道具である。系統的な日本語指導と専門機器なり空間が不可欠なのは、こうした理由からもうかがえる。

日本語力の判定

外国につながる子どもが、日本の学校教育を受けるとなると、日本語指導は必須になる。以前、外国人児童生徒が集中する地方都市で外国人の小学校一年次の入学者に対し、簡単な日本語理解力テストを実施したことがある。そこで明らかになったのは、学習上必要な「えんぴつ」や「けしごむ」、「ふでばこ」等の読み方、さらにカバンや傘、靴、帽子、メガネなど身につけるものの呼び方すら知らない子どもの存在であった（宮島・築樋、2007, 36）。小学校入学予定の外国人児童のうち、半数以上が基本的な語彙を欠いていた。

日本の子どもにとって当たり前の言葉も知らないのは、家庭のなかでは、他の言葉で呼び合っているからでもある。こうした事実を考慮し、地方の外国人児童生徒が集中する所では、その後、小学校入学前に短期間、ボランティアや地域の大学生が中心になりプレ・スクールを開いて日本の学校に慣らす基礎教育をする所もある。学校が始まってから担任がそこまでするのは、負担が重すぎるからである。

あらためていうまでもないことだが、外国につながる子どもは日本の子どもとはまったく異なる語彙空間で生活している。となると入学時の子どもの日本語力は、どのようにして判断するのか。すでに地域で生活している子どもと中途からのとでは異なることも多いが、外国人児童の多い学校では、就学時検診のとき健康診断以外に面談をする所がある。このとき校長が、日本語力などを把握する。

のちほど問題にするが、日本の学校で学びを深めるとなると、系統的な日本語学習が必須である。それには、日本語指導の専門家による日本語力の適切な判断と指導が不可欠になる（川上 2003, 10–12）。鈴鹿市では、早稲田大学と共同で日本語力の判断に独自のスケールを用い、文部科学省も「外国人児童生徒のためのＪＳＬ（Japanese as a Second Language）対話型アセスメント（DLA＝Dialogic Language Assessment）」の開発をしている。都内では、いずれの方法も浸透しているとはいい難い。

外国人集住都市のいくつかでは、日本語能力を素人の校長等が判断しないで、日本語指導の専門員に委ね、指示を得る所が増えている。外国人児童生徒を受け入れて四半世紀のあいだに学んだ方法である。東京都は、外国人集住都市会議に参加していないこともあり、このような方法は一般化していない。しかし都内にも、外国人児童生徒の日本語力の判断や学習方法、進路指導を区内の学校や校長の判断に任せず、日本語指導の専門家や特別の外国人児童生徒の受け入れ機関が総合的に判断し各学校や校長に助言する所もある。

自治体により異なる受け入れ態勢

都内のある区では、教育委員会が設置者となり、外国人の多い学校の敷地内に学習室を立ち上げ、日本語指導を行っている。外国人が区役所で住居地の届け出をし、保護者が学務課で就学手続きを済ませると、学習室のスタッフが子どもと親の面接をし、本人の日本語力や将来設計、これまでの学習歴等を調べ、どの学年に編入するのがよいかも含め、学校にアドバイスする。

この方法は、区内の学校任せにはしないで、当学習室の日本語指導の専門家が面接等により日本語力を適切に判断し、かつその後の日本語指導もその道の専門家なり、区教委が認めた日本語指導に蓄積ある人によって行われることでも注目される。ちなみに学習室に隣接する小学校は、全校生徒の四割が外国につながる子どもである。

これまでも本来中学三年生の子どもが、学校は一年過年の二年生で受け止めようとしたが、学習室が独自に親と相談し、日本での永住意思も確認の上、二年過年がよいと判断し、学校もそれを参考に一年次に受け入れたこともある。通常、過年は、都内の学校は一年下げるだけだが、同区では、子どもの学力や子どもの将来設計を考慮し二年まで下げるケースもある。これは区単位で学習室が、教育委員会や学校とも協力して系統的に受け入れている例である。

同区の外国につながる子どもは、同じ小学校内に中学生のための学力サポート教室もあり、日本語の初期指導のみならず国語や数学、英語、理科、社会等要するに高校進学に必要な科目の支援も受けることができる。同区の方式は、区教育委員会が設置者となり学習室を立ち上げ、区内に編入してきた通室可能な外国人児童生徒を学校へ丸投げせず、区内統一基準で判定・評価し、日本語指導も専門家なり蓄積ある人が系統的に行い、望むなら中学生になっても同じ場所で学習支援も受けられるなど、注目すべき点が少なくない。

各校対応型の限界

豊島区は、というより都内の多くがこのような方法を採用していない。各学校が個別に対応している。都内だけでなく全国でみても、学校ごとの加配による対応が一般的であろう。ただ加配による対応には、問題も多い。それは加配申請の手順や仕事の内容をみればわかる。

加配教員の申請手順をみると、日本語指導を受ける児童生徒数の調査があり、これを区の教育委員会に提出し、その後都の教育委員会へとまわる。都の小学校ごとの加配基準は、五人以上の日本語指導を必要とする児童生徒がいれば、一人の加配がつき、一〇人以上になると、日本語学級が作れるので二人の加配、二〇人以上になれば三人の加配が可能になる。二〇一五年度は、日本語指導を必要とする本校児童は四〇人を超えたが、はっきりしたのは四月になってからだったので四人体制は組めなかった。日本語学級は都の事業（全額都からの補助）となるが、加配は、都の他に区独自のもある。

日本語指導を必要とする児童生徒は、小中学校とも一年次には少なく、上級生になるにつれて増加する。これは教わる内容が高度化する以上に、外国人児童生徒が学期中途で来ることが多いことによる。このことは、現在の加配決定の時期が四月一日を基準にしている是非にもかかわる。

都の加配教員は、他の教育委員会でみられるように日本語だけを教えるのではない。教員免許を有する人が、当該校に基準数を超えて採用される形をとるので、日本語を教えるか否かは、学校の方針により異なる。ローテーションを組んで、日本語指導の担当になるような学校では、必ずしも日本語指導の経験ある教員がつく訳でもない。むしろ基準値を超える教員を学校全体の教育改善に、その意味ではマジョリティの子どもの教育環境を優先することもある。現行の加配制度で、日本語指導を必要とする子どもへの対応が質・量ともに十分か、根本的な問題もつきつけている。

多くの学校の教室には、児童の自己紹介を含めて写真と一緒に、名前、誕生日、好きな遊びと並んで学習と生活の努力目標が貼ってある。外国につながる児童生徒のは、名前をみずとも学習なり生活目標を読んだだけですぐわかる。外国につながる児童生徒でも、保護者の一方が日本人だと、その名を取ることもあるので名前だけでは判断できない。

ある子どもは、学習目的に「日本語の勉強をがんばります」と記す。また他の子どもは、同じ欄に「点をつけるか、つけないか、頑張ります」とあった。点数評価されるか否かわからないが、評価されてもよいように頑張ります、ということなのだろう。

同じく生活目標のところにも、「ハンカチ、ティッシュを身につける。生活のルールを頑張ります」（原文のママ、以下同じ）とある。いかにも日本語の勉強中であることを彷彿させる表現であるが、子どもは真剣なのだ。学校でいわれたことをとことん守ろうとして、「卒業まで日本語と算数をがんばる。うがい三回、手洗い二〇秒」などと標語になりそうなものもある。自己紹介を読みながら、必死に日本の学校に溶け込もうとしている姿が目に浮かぶ。日本語を母語としない子どもにとって、学習言語に慣れることは学校生活の死活にかかわる。となれば日本語の学習は、専門家によって体系的に指導される必要がある。

この専門家であるが、現在の教育職員免許法に日本語はない。学校という学びの場で日本語指導を受けるには、学校の組織や機構、教室運営や子どものことに熟知している教員に教わるのが最適である。しかし日本語が教育職員免許法にないとなると、現職教員に日本語指導の講習を充実させるだけではなく、前著で指摘したことだが（佐久間 2014, 242）、講習会修了者に司書教諭のように日本語指導に関する講習修了証書を授与し、今後の学校の多国籍化を見越してその層を厚くしつつ、修了者から日本語指導教員を充当する方法が考えられる。もちろん、日本語指導の補助者や支援者も必要である。日本語指導を目的とした講習修了証書をもつ加配教員は、それ以外には使用すべきでもない。

学校以外の支援機関

学校が多様化すれば、とても教員だけで対応するのは困難である。幸い都内各区には、学校だけで対応困難な児童生徒の支援や教育課題への対策のため教育センターがある。外国につながる子どもへの日本語教育や国籍を問わずに高止まりしている不登校、特別支援教育への取り組みなどは、教育センターも支援している。

豊島区に教育センターが設置されたのは、一九八八年であるが、日本語指導が設けられたのは、一九九〇年からである。二〇一四年時点で豊島区に小学校二二校、中学校八校あるが、日本語学級があるのは小学校に二校のみで中学校にはない。センターで日本語指導を担当している教員は四人(都費三人、区費一人)、定年退職者であるが、現役時代いずれも校長等の管理職経験者である。ということは、日本語指導の経験や資格は問われない。任期は五年、公立の小中学校の定年は六〇歳であるから六五歳までということになる。センターでは非常勤となり、一日八時間、月一六日勤務、四人体制でもならせば常時三人体制となる。

同センターに来ている児童生徒はどうか。対象は原則として豊島区立小中学校に在籍する子どもで、区内の学校を通して受け入れる形を取っている。以前訪問時は、今世紀に入り増加傾向にあったが、三・一一以降減少した。たとえば二〇〇一年度三一人、〇二年度二二人、〇三年度二六人と二〇人を超えていたが、二〇一五年二月に訪問したときは、小学生五人、中学生七人の合計一二人であった。このところまた回復傾向にあるという。

児童生徒の出身国は、中国が断然多く、あとはフィリピン、ミャンマー、ベトナム、ネパールなどが主である。中国からは、以前は引揚者もいたが近年はほとんどなく、多くは日本でコックとして働いている。イギリスでもコックとして働く中国人が多いことは前述したが、日本にもその波が押し寄せている。

指導期間は、小中学生ともに一年間で、時間については、小学生は午前八時四五分から九時四五分まで、中学生は一〇時から一一時半のグループと一三時三〇分から一五時三〇分のグループにわかれる。後者のグループの者は、指導が終われば在籍校でもクラブ活動がなければ帰宅してもよいが、それ以外のグループは、指導終了後は在籍校に戻る。

通学形態からみて一種のセンター校に近い利用の形になるが、それだけに子どもによっては、一週間に一度しかない専科（技能、図画、音楽、技術、家庭など）の授業は、まったく受講できないことも起きる。指導を一年に限定しているのも、できるだけ在籍校ですべての授業に接することを目標にしているからだが、それで日本語力が十分つくか否かは、子どもの年齢ややる気にもよる。

また日本語指導を受けている児童生徒数の少なさも気になるが、二つの理由が考えられる。一つは、一年のみで回転していること、前に訪問時は一二名といったが、時期によっては同一年度でもその倍になることもある。二つは、このセンターに来るには小学生は保護者同伴が原則なことである。中学生はともかく小学生のなかには保護者の協力が得られず、在籍校で呻吟刻苦している者も多いと思われる。センターも豊島区の中心よりかなり文京区や新宿区寄りの所にあるので、交通の便で通えない者もいるだろう。

同センターには、適応指導の教員も三人おり、不登校児童生徒の指導も行っている。二〇一五年二月の訪問時、センターで指導を受けている児童生徒は、小学生二人、中学生二六人、計二八人である。センターでは、授業はしないで「自学自習」形式を取っている。教員三人は、いずれも現役時代、管理職経験のある定年退職者であるが、日本語指導は小学校教員が多いのに対し、適応指導の方は中学生に多いこともあり、中学校の管理職経験者である。

適応指導の教員も臨時職員なので、一人当たり月一六日勤務をならすと全体としては常時二人体制になる。それで二八人の指導はできないので、大学生のボランティアの支援も得ている。不登校の児童生徒がセンターに来れば、在籍校の出席扱いになる。なかには、センターに一時間着席し、出席扱いのみを得るために来る「つわ者」もいる。三人の教員は、科目ごとに採用されているわけではないが、訪問時は数学、国語、理科に分かれていた。

小学生の不登校児童は前述したが二人、残りは中学生で、中学三年次に多い。近年は、外国につながる生徒も増えつつある。外国籍には、就学が義務づけられていないが、在籍した以上は、国籍によらず学校に戻す努力がなされる。しかし現実には、日本人、外国につながる生徒を問わず在籍校に戻れる子どもは少ない。センターから受験する生徒がほとんどであり、訪問時は二月の受験期であったが、そのような生徒が一五人程いた。不登校でも、当人や保護者が望めば卒業証書は取得可能である。しかし卒業証書は取得できても、評定は不能扱いになるため、公立高校の受験は不利である。ほとんどがチャレンジスクール（詳しくは六章参照）や学習支援を主とするサポート校に進学する。

チャレンジスクールなどは、試験も作文と面接で、かつ入学後も単位制にしてホームルームもなく、人間関係を煩わしく感じている子どもには好まれる。本校の先生との連絡は、毎月末に、その月の活動報告をする。また、各校の生徒指導係の教員と区単位の指導係会議がこのセンターで開催され、その折指導係の教員がみて回ったりしている。

適応指導はともかく、センターでの日本語指導をどのように評価すべきか。非常勤とはいえ、常時三人体制で区内の学校で対応不可能な児童生徒の指導体制ができていることは重要である。しかし日本語指導のスペシャリストではないので、専門家の目からみれば改善の余地はあろう。多くが定年退職者というのも、定年後の第二の職場的意味合いが強く、一人一人の教員の熱意は旺盛でも、制度的にみて都や区が、どこまで日本語指導を必要とする子どもの教育なり受け入れを考えているのかは、評価の難しいところである。

さらに日本語学級を有する学校の指導体制と比較すると、同じ区内の小学校とは思えないほどの差が生じる。本人の通学している学校に日本語学級のある児童は、望むなら三年にわたり指導を受けることができる。さらに必要なら延長もできる。しかし日本語学級のない学校の児童は、センターに通えても一年が限度であり、かつ保護者同伴ともなると遠方の者には負担も大きい。その場所も区心からはかなり離れた所にあるので、多くの生徒が電車に乗って通う。その交通費も自己負担であり、イギリスやフランスのような体制とも異なる。日本語指導を必要とする生徒が、今後区内各校に分散・増加しても現在の方式での対応となると、世界都市東京の内実が問われよう。日本語指導は、文部科学省も二〇一四年四月から学校教育法施行規則を改正し特別の教育課程を組めるようにしたが、在籍校で指導するのが最善である。とりわけ小学生にはそうである。

外国につながる生徒に学力不振に苦しむ者が多く、ときにドロップアウトにも通じかねない恐れがあるとすれば、その理由は本人のみに帰せられるものではなく、日本の学校についていくために必須の日本語指導すら受けられなかったり、受けられても長距離通級の強いられる、制度的かつ構造的な要因も大きいのではないか。

国際理解集会

いささか日本語の問題に深入りしすぎたが、D小学校には五年前から全校生徒が一堂に会し、同校に学ぶ子どもの出身国の人間や文化の理解を通し国際親善に役立てる国際理解集会がある。筆者が参加したときは、インドネシアについてであった。インドネシア出身の上級生が、母国の遊びや学校を紹介する。インドネシアでは学校の授業は、朝の七時一〇分から午後四時までであるという。授業中の様子が画像で映し出され、イスラームの世界だけに男女分かれての座学には、筆者にも興味深かった。

日本のジャンケンポンに相当するのが、インドネシアにもある。「ホム・ピン・パー（hom pim

pah)」といい、親指は象、人差し指は人、小指は蟻を指す。象と人では、象が勝ち、人と蟻では人が勝ち、蟻と象では蟻の勝ちである。蟻は象のどこにも入って意地悪ができるからという。全児童が、面白そうにかれの話に耳を傾ける。

かれの説明だけでは児童にも荷が重いので、その前後は、講師や教員がインドネシアについてさらに詳しい説明をする。この日は、インドネシアの有名な物語りが動画と共に朗読され、その後は、インドネシアの日本人学校に三年勤務経験のある本学の教員によって、解説が加えられた。朝夕の挨拶や感謝の言葉、学校には通常、教室の仕切りがないこと、風通しを考慮し廊下を広くとること、さらには首都ジャカルタの交通渋滞、気候や自然の話し等、保護者が聞いても面白い。

大変ユニークな試みと思ったのは、本学の栄養士によるインドネシアの食生活の解説である。インドネシアは暑い国なので、スパイスのきいた料理が多い。なぜそのような食事が必要か、気候、風土と絡めて説明があり、主食のお米からスープの原料に至るまで写真つきの説明があった。残念ながら、インドネシアの宗教に絡めたハラルミールの解説はなかったが、これは小学生にはまだ難しいからか、あるいは時間の関係からか。

ただ感心したのは、給食担当の栄養士も多文化理解の集会に参加し、身近なインドネシアの食事を解説し、その料理を次週（月曜日）の学校給食に日本風にアレンジして出すことである。そのままでは、子どもにはスパイスが効き過ぎるので、提供するのは辛味を和らげたものらしい。実際にインドネシアの食事を試食することで、食事を通して世界の多様な文化の理解を深める試みである。

今や多文化理解は、教員だけの仕事ではなく、学校職員すべての課題といわれるが、国際理解集会を通してその一端をみる思いであった。

年一回とはいえ子どもたちは六年間、同じ学校に学ぶ仲間の異文化理解を通して成長していく。集会が終わって廊下に出ると子どもたちは、さっそくジャンケンポンに代わって「ホム・ピン・パー」と掛け合い、掃除当番を決めていた。子どもの適用力はすごい。帰り際、校長室に寄ると、以前は外国の子どもの説明が浮いてしまうこともあったが、近年は、そのような心配はまったくなく、日本の子どもも積極的に参加しているという。子どもの異文化リテラシーも確実に高まっている。日本の学校もここまで来ている。

異文化へ対応迫られる給食

残念ながら子ども用にアレンジされたインドネシア風給食を食べる機会はなかったが、食事は人間が多様な存在であることをあらためて教えてくれる。この多様性は、同じ日本人どうしにもいえる。多様な存在であることは、単なる嗜好性や好みの次元を超え命に関わることもある。となると多様性を認めることは、その人としての権利（人権）そのものにもなる。それをもっともよく示すのが、アレルギーをもつ子どもの存在である。

関係者にとっては思い出すのも悔しい出来事だが、都内のある学校で、二〇一三年一二月、小学五年生の女子が、粉チーズの入ったチヂミを食べて急死した。その後の調べによると、少女には幼少時から乳製品にアレルギーがあり、当日は、おかわりした方にチーズが含まれていた。いつも気をつけていた少女がなぜおかわりしたかは、後に明らかになったことだが、少女がおかわりをした直後に語った友だちの話によると、学校ではクラスごとに出されたものをすべて食べ切る目標があり、それに貢献したかったようである。

何とも痛ましい話だが、クラスごとに残さず食べるのが目標とは、いかにも日本的である。職場でも班ごとに目標をたてられると、仲間に貢献したい気持ちと同時に迷惑はかけられない心理にもなる。人は権利においては平等であって欲しいが、決して同じでないことを食事ほど示すものはない。人間の多様性なり個性を尊重することは、ときに命にもかかわるのだ。

文部科学省も学校給食法第三章第一〇条で「……食に関して特別の配慮を必要とする児童又は生徒に対する個別的な指導その他の学校給食を活用した食に関する実践的な指導」の必要性を認め、「校長は、当該指導が効果的に行われるよう、学校給食と関連付けつつ当該義務教育諸学校における食に関する指導の全体的な計画を作成することその他の必要な措置を講ずるもの」としている。

日本の子どもですら個別的な対応が迫られる時代、国際化の進む学校では出身国の文化により添う対応が求められる。異文化の子どもでいのちにかかわる食事の例でいえば、やはりイスラーム系への配慮になる。すでに同校でも、給食に関しイスラーム系の子どもには、要望に応じてハラルを提供している。

給食には、自校とセンター（複数校の共同調理場）方式の二通りがある。同校は自校方式のため、イスラームの人が来ると、民間業者が学校の給食室を活用してハラルミールを提供する。栄養士を中心に三人の職員が専門に配置され、栄養士と父母との間で、豚肉に関する綿密な打ち合わせも行われる。

これまでの例では、同じイスラームの子どもでも豚肉さえ排除すればよいこともあるが、人によっては、原料にまでさかのぼって豚の成分を避ける家族もあり、そうなると学校給食では準備できないので、ご飯等の主食は学校が提供し、おかずは家庭からの持参を認めている。アレルギー児童への対応の蓄積が、イスラームにも生かされている。本校を筆者が訪問した時点で、アレルギーへの対応も含め一〇人前後の特別メニューの子どもがいた。

みんな同じ教育を基調とする日本の学校でも、すでに給食をみても個別的な対応が求められている。イスラームの児童が、豚肉を食べれば命にかかわる訳ではない。しかし、宗教的な戒律もあり、長年これを避ける生活を基調にしてきた人々にとり、日本人と同じ食事を迫ることは許されない。学校給食法第一章第一条でも「この法律は、学校給食が児童及び生徒の心身の健全な発達に資するもの」とうたっている。給食が、食を通して児童生徒の心身の健全な発達に寄与することを目指すのならば、信仰上忌避することが求められている食を強制して、心身を不安にすることは許されない。

それとの関連でいえば、同法第二条は学校給食の目標について語っている。その六では、給食を通して「我が国や各地域の優れた伝統的な食文化についての理解を深めること」の重要性を語っている。こんにちの児童生徒のグローバルな動きをみていると、自国ばかりではなく、世界各国の伝統や食文化の理解を深める給食は絶好の教材でもある。もう少しグローバルな視点があってもよいのではないか。

「我が国や各地域」となっているから、他国は「各地域」に含まれるとも解せるが、他の箇所をみると同法でいう地域は、国レベルに対する各地の意味で世界の各地域ではない。今引用した前後の五と七では、「食生活が食にかかわる人々の様々な活動に支えられていることについての理解を深め、勤労を重んずる態度を養うこと」、「食料の生産、流通及び消費について、正しい理解に導くこと」とある。日本の食料自給率は低く、その多くを世界各国の人々のまさに多様な活動、生産、流通に依存している。同法そのものに、もう少し世界的視野があってもよいのではないか。いずれにしてもイギリスの学校で、試行錯誤を繰り返しながらイスラーム系児童生徒にハラルミールを導入していったことが、日本の教育界でも現実化しつつある。

世界的視野といえば、文化に関するものは当事者に気のつかない独自のものである。食べ物だけでなく、配慮すべきものは多い。われわれの時代になく、近年の小学校で一般化しつつあるものに、二分の一成人式がある。統計的には、日本の小学校の半数以上で行われているらしい。成人式自体が日本の文化を表わしており、世界で成人式をもつ国は少ない。しかも年齢もまちまちである。日本は二〇歳と世界的には遅い方に属する。その半分の年になったことを祝うのだから、一〇歳、小学校四年生ということになる。

海外から来た親子にとってはこの儀式が、苦しみとなる。成人式のない国からの来日者には、そもそも式の意味がわからない。まして二分の一などなおわからない。祝い方にはいろいろあるようだが、親から子どもへの手紙や小さいときの写真のプレゼント等をし、よくここまで大きくなってくれましたと健やかな成長をお祝いするのが一般的らしい。ならば、各人が家庭ですればよさそうなものだが、成人式も年々派手になって来たように、最近は子ども、保護者、教員一緒に学校を使ってやる所が増えている。

しかし写真のない子、親が日本語を書けない子等、手紙を渡せない家族も多い。一〇歳頃といえば、マジョリティと違っているだけで傷つく年頃である。皆と同じことができずに、心を痛めている子も多い。国際化に伴い、気配りの求められることは多い。

望まれる特別支援学級の充実

障がい児教育と外国人の教育には、いろいろ共通するものが多い。障がい者教育とは、特殊教育とも呼ばれ、二〇〇七年四月一日から特別支援教育に名称変更したものである。筆者の受け止め方になるけれど、外国に通じる児童生徒の多い学校などをみていると、つくづく人間とは多様な存在だと思わされる。「みんな同じ教育」ではなく、みんな異なる、違いを違いと認め合う教育の重要性を感じる。

幸い現在は、みんなが違って当たり前がしだいに浸透してきている。みんなが違って当たり前なら、「障がい」も一つの生の在り方、「個性」とみることができる。障がい者教育から特別支援教育に代わることにより、これまでの一方的に援助を受ける存在から、自立を目指す支援へと対象者の積極性が認められるようになったことは喜ばしい。

同小学校にも特別支援教育のひとつとして、「ことばときこえの教室」がある。「ことばときこえ」とは、正式には「難聴・言語障害通級指導学級」のことである。区内の児童が対象で、常時四〇人弱の在籍者がいる。同校児童は若干名で、その他は通級指導である。午前、午後二時間ずつの指導で、特別支援教育にも固定方式（学級）と通級方式の二種類があり、同校は他校からの通級指導も受け入れている。

「ことばときこえ」といっても、「きこえ」のための児童は少なく、「ことば」の問題を抱える児童の方が多い。「ことば」には、正しい日本語が話せない、吃音状態から抜け出せない、ことばの発達が遅いなどの児童が通う。ここに、外国人の子どもの日本語指導と重なるものがある。外国人児童の場合、日本語が不自由なのは母語が違うためなのか、それ以外の原因によるものなのかわからないときがある。

イギリスの、それも移民受け入れ初期になるが、英語の発音が不自由なため多くの途上国出身児童生徒が特殊学級に振り分けられたことがある。特にカリブ系に多く、教員にクレオール英語の理解者も少なかったので卒業時まで特殊学級に留め置かれ、のちに人種差別による扱いと批判された。

日本の学校では、人種差別によるというより言葉（日本語指導）の専門家が少ないため特殊学級に送られたあと、どうみても日本語が不自由なだけで身体機能に障がいがあるとはいえない子の存在がときどき話題になる。「多文化」化の進行と共に、専門家の充実が求められる点である。日本語をなかなか習得しないため特別支援教室に送られるのも問題であるが、言葉に関する専門スタッフなり設備を欠いていて、特別支援が必要にもかかわらず、気づきが遅れ適切な指導が受けられないのも大いに問題である。

幸い同校には、外国人のなかにも複数の児童が「ことばときこえ」で指導を受けている。全校生徒の一%、毎年複数の児童が指導を受けているとなると、他校の外国に通じる児童生徒のなかにも特別支援を必要とする者がいることを予想させる。気づきを早くし、適切な指導が必要なことも多いだけに、その点でも同校児童は恵まれている。

通級指導もあるが、区内全域が対象なので遠隔地から来る児童は大変である。また送迎は、保護者の責任なので親の負担も大きい。ただ学校の多民族化が進行するもとで、特別支援教育の充実も重要な課題となる。障がいもまた、多様な生きざまのひとつの形態とするならば、かれらの学ぶ権利は何よりも尊重されなければならない。

その他この教室には、近年増えている注意欠陥多動障がいや学習障がいの子どもも通ってくる。通わせる判断は、親はもとより、担任、さらには区教育員会傘下の教育センターとも相談して決める。

特別支援学級と日本語学級とでは、同じ教材を併用するときもある。絵を用いる授業などである。

しかし、その他の点での併用はほとんどない。特別支援教育の方がはるかに専門性が問われるとは、学校長の言葉である。たしかに特別支援教育の担当者には、小中高または幼稚園の教員免許状の他に特別支援学校教員の免許状も課されている。しかし今後、日本語指導を必要とする者が増えれば、日本語指導の専門家の養成なり、教員資格の必要性も高まる。

現時点では、校長も日本語指導担当者が、日本語指導の講習会なり、日本語指導コースの修了者か否か、わからないほど専門的知識や経験は問題になっていない。しかし以前指摘したが（佐久間 2014）、日本語指導が二〇一四年四月から「特別の教育課程」に位置づけることが可能になったことを考えると、正規の教育課程に位置を占める可能性がありながら、専門の教員が指導しない体制のままでよいのか、再考の余地がある。

起きるか日本型隔離化

現在、東京都内の小中学校は、学校選択制を採用している。従来、小中学校は、居住区域との関係を重視し学区制が採用されてきた。親の収入や学校の評判に関係なく、居住地に近い学校に行くものとされていた。しかし、数年前からこれでは親の教育選択権が狭まると考えられるようになり、都下ではしだいに区内全体なり隣接校選択制が導入されている。区内全体とは、文字通り同一区市町村すべての公立小中学校の選択が可能な方式であり、隣接校とは、通学区域内で学校選択の可能な制度である。

豊島区も親の学校選択権や通学区域の弾力化を意図し、二〇〇一年度から小学校（現二二校）、中学校（八校）で隣接校選択制を導入した。品川区のような全区選択制ではないものの、住民登録に該当する居住区内の指定校以外でも、指定校に隣接する通学区域内の学校なら選択できる。そのため中学校への就学案内は、以前なら学校を通して配布したが、現在は保護者が指定校以外の学校を選択するか否かを尋ねることから始めている。倍率がなければ、指定校以外の学校でも入学できるが、倍率があったり、私立受験に失敗し手続きが遅れると、希望の中学に行けないことも起きる。

このような動きは、日本だけではない。イギリスでも教育の自由化が叫ばれた頃から従来の学区を見直し、選択制が導入された。この急先鋒は、サッチャー前首相であり、氏はすでに首相になる前の教育科学大臣時代に、これまでの学区（キャッチメントエリア）を解体し、学校選択制を導入した。日本で選択制へ踏み切らせた背景には、このような先進国の動きもあった。

選択制が導入されたイギリスで、その後どのような現象が進んだか。これは紹介に値する。序章でもふれたように、エスニシティごとの隔離化・集住化が、以前にも増して進行した。こんにちでもイギリスを訪問して驚くのは、いろいろな都市で特定エスニシティが、特定地域に集住して生活していることである。その細かな住み分けは、同じインド亜大陸出身者でも、シク、イスラーム、ヒンドゥーは混じらないほどの徹底ぶりである。

一例をあげれば、ヒースロー空港に近いサウソールは、シクの牙城であり、伝統的に移民の多いイースト・エンドは、バングラデシュ系が占めるという具合である。大きな地方単位でみても、パキスタン系の多い中西部、バングラデシュ系の多いロンドン、ヒンドゥーのなかでも東アフリカ経由の多いレスター等、その住み分けは同一都市のみならず、地方にも波及している。

このような住み分けは、当然、学校にも及ぶ。イースト・エンドの学校のなかには、その九〇%をバングラデシュ系が占め、サウソールの学校のなかには、大半をシクの子が占める学校も多い。近年、それぞれのマイノリティのなかのマジョリティの比率が減少しつつあるとすれば、それはスーパーダイバーシティとも形容されるように、難民（アフリカ、コソボ、アフガニスタン、イラク、シリヤ等）やEUの東方拡大により東欧圏の子どもが入学してきたからで、学校のほとんどを非ブリティッシュが占める傾向は続いている。

イギリスは、ヨーロッパなりEU加盟国のなかでも珍しく多文化施策に寛大な国である。そのイギリスにも、二〇世紀末から多文化政策への批判が沸騰してきた。これまでの多文化施策は、かえってエスニシティごとの多分化・多分解、コミュニティごとの並行化をもたらすだけとしてである。お互いのエスニシティが、相互に交流しようとせず、親から子どもに至るまで住み分け、習い分けしている現実は、多文化という名の多分化・多分解社会の何ものでもないという訳である。

歴史的に移民が多く、いち早く多文化の進んだイギリスでは、こんにちのような事態を恐れて、過去数回にわたり人種差別禁止法を制定し、かつ子ども期から多文化教育に取り組んできたが、それでも特定エスニシティの隔離化、集住化を阻止することはできなかった。忘れた頃に定期的に噴出する人種暴動や摩擦は、このような隔離化、集住化がその背後で深く関係している。

学校選択制の怖さ

となると、このところ人の移動が多くなり、定住化も進行しつつある日本でも集住化は、看過しえない問題である。本書はこれを教育のなかにみているが、学校選択制はどのような帰結をもたらすか、気になる点である。

これまでみてきた同小学校は、現時点では、マイノリティがイギリスのように集中しているわけではないので隔離化は起きていない。ただ外国人のなかには、同校の日本語教室を魅力の一つに、指定校ではなく隣接校選択制を活かして通学している者がいる。これは、マイノリティにとって不可欠な日本語のサービスを求めてである。都内でも、日本語学級のある学校が限られている以上、こうした選択は常に起きる。イギリスでも、移民受け入れ初期は、こうした受け入れ経験校への集中となって現れた。選択制は、同質的なものどうしを引き寄せるのである。

同校の外国人児童は、全児童の一四％前後である。マイノリティの占める比率は、まだまだ少数なのでエスニック別の隔離化も起きていない。しかし、隣の区のある学校では、マイノリティの児童の占める割合がすでに五〇％を越している。東京以外なら、東海地方のある学校では、半数以上をマイノリティが占めており、すでに学校のマジョリティになっている。地域を問わなければ、すでに日本でもイギリスのようなマイノリティの特定校への集中化はみられ始めている。

また、同校のような所でも保護者のなかには、父母会等で学校は外国人児童にばかり目を向けないで、日本の子どもの学力も大事にして欲しいとの注文が出はじめている。さらに保護者どうしの間でも、外国人の父母は、役員をやりたがらないか、やっても一部の人で積極的な協力が得られないという苦情もある。そこから外国人は、恩恵に浴するだけで学校活動に非協力的との不満も出る。こうした保護者の反応が、選択制とどう関係してくるか、みていかなければならない。イギリスでも子どもの引き抜きが起きたのは、保護者のマイノリティへの反発からである。

日本の外国につながる児童生徒が、まだまだ先進国と比べて少ないということは、他の側面に注目する必要性に気づかせる。それはむしろ、外国人児童生徒がいないか少ない学校の存在の方である。学校選択制により、義務教育段階でありながらも日本人父母の人気が高く、日本語教室もないことから、外国人には選択しにくい雰囲気があり、結果として外国人の子どもがいないか、いてもごく少数校の存在である。ここで紹介している区にも、すでにそのような学校が現れ始めている。

このような学校の評価は、何によるのだろうか。私立中学校（D小学校は毎年三分の一強が私立中学に進学）への進学率や特色あるクラブ活動、さらに校舎の設備などが、評価の基準になっている。近年は、少子化により統廃合が進んでいるので、生き残る学校を選ぶ動きもみられる。将来廃校される学校を敬遠する動きである。小学校は六年間なので、廃校予定の学区の児童は、最初から残る方に通った方がよいとの判断による。なお選択できるのは、入学時のみで途中の変更は認められない。外国籍児童生徒が途中で入って来ても、入学時の自由選択制は採用されないので、指定校に行くのが原則である。

特定の学校へのマイノリティの集中化が阻止されていても、外国人の子どもが皆無、ないしはごく少数などの学校が現れているのは、集住と隔離が発生する前段階とみてとれる。集住と隔離は、マイノリティが特定の学校を選択することで起きるのではなく、マジョリティが特定の学校を避けることで起きる。イギリスでは、まさに白人ブリティッシュが、特定の学校から子どもを引き上げたために起きた。

すでに本校がある隣接区では、外国人の子どもの集中校も散在校も、住民の比率とはかなりアンバランスなことが知られている。隣接区の外国人の子どもの集中している小学校は、地域に居住している住民構成でみると、在籍する子どもほど外国人は多くなく、かつ少ない所も、周辺に外国人がそれほど少ない訳でもない。すでに外国人の受け入れ先進国でみられた隔離化は、日本でも静かに始まっている。

住み分けから習い分けへ

とりわけ危惧されるのは、日本の保護者は、子どもの教育に熱心なことである。その点で気になるのが、二〇〇七年から四〇数年ぶりに復活した全国学力・学習状況調査（全国学力テスト）の動向である。小学六年生と中学三年生に国語と算数・数学を基本に基礎知識（A）と応用（B）のテストが行われている（一五年度はこれに理科が加わった）。実施後、数年経過し、上位県には科目にもよるが、秋田や鳥取、島根の各県が並び、下位県に沖縄、北海道、大阪、愛知、三重が並ぶ。子どもの学力にどのような要素が影響を与えるか、慎重な分析が必要だが、少なくとも貧困や外国人がらみの議論には、冷静さが求められる。

静岡県の知事は、同県が二〇一三年の国語（A）が、最下位だったことを受け、翌年全国平均を上回った校長名を公表した。校長はほぼ三〜四年ごとに異動し、赴任後、児童生徒の学力養成に獅子奮迅しても影響を与える頃には異動する。よしんば校長の方針が、子どもの学力に影響を与えても、公表年の成績と合致するとは限らない。むしろ学校の成績には、校長より地域の特徴の方が大きい。子どもの学力が、校長の気概に左右されるほど単純でもない。

しかし学校ごとに公表されるとなれば、困ったことが起きかねない。イギリスに関連して筆者が恐れるのは、外国人児童生徒の集中する学校が下位に位置すれば、教育熱心な日本の親は日本語に習熟しない子どもも関係していると受けとり、その学校を避けようとするのではないか。日本型集住と隔離の前兆である。

外国人児童生徒に関しては、実施要綱で「日本語指導が必要な児童生徒に対する配慮」として、「国語、算数・数学の時間に取出し指導を受けているなどの事情がある場合は、当該教科を調査の対象としないことを可能とする」としている。もちろん、「他の児童生徒と同様の授業を受けている児童生徒について」は、調査の対象になる。また調査に際し、調査時間の延長やルビ振り問題用紙の使用などに関しては、各校の判断でよいことになっている。

ただ試験の時期は、毎年四月の第三、ないし第四火曜日である。新年度からの来日児童生徒なら、日本語がほとんどわからなくて当たり前である。学校長の判断で、受験からはずすこともできる。それでも結果はひとり歩きする。何しろ、学力テストをめぐっては、事前の予備テストが横行し、出来の悪い子を故意に欠席させるなどの例が毎年あとを絶たない。

父母の関心も高く、学校ごとの結果の公表に七〇%近くが賛成と答え、教育委員会がランク付けを危惧して慎重なのとは対照的である。今のところ文部科学省も教育委員会も、学校ごとの成績の公表には序列化の進行を恐れ慎重だが、一四年度から公表自体は解禁された。公表に踏み切る自治体はまだ少数であり、都道府県レベルと区市町村レベルで意見が割れている所も少なくない。

ただテスト実施当初は、四〇年前の学校や地域の行き過ぎた競争の反省を踏まえて、公表するのは平均正答率の全国と都道府県レベルのみのはずであった。いわば教育に熱心な保護者や世論に押される形で、学校単位の公表までに押し寄せてきた感じである。地域単位、学校単位の公表が一般化した場合、国際化の進む地域では、単なる成績による序列化ではなく、それにエスニックがらみのバイアスが付加されないか、諸外国に悪しき先例があるだけに気になる。イギリスでは、子どもの進学に有利な指定地区への移動が頻出している。マイノリティが宅地を購入すると、付近の不動産価格が下がるとして、敬遠する向きすらある。本書の最初で述べた西欧社会の並行社会の到来とも関連し、目の離せない問題である。

もし現在の学校選択制が、成績による序列化を引き起こすようになれば、どうしてもその学校に入れたい保護者は、居住地によって指定校を確保しようとするだろうし、その結果、ある地域が教育を重視する恵まれた集団の居住地となれば、同質的な者どうしの引き合いが、しだいに現実的なものとなるだろう。

すでにより都心部に近い江東区などでは、新興マンションの購買を通して億ション級の購買力のある保護者と、隣接している都営住宅に居住する保護者との間で住み分け、習い分けが生じており、子どもどうしでも放課後通う塾から習いごとに至るまで格差が生じつつあるという。東の世界都市東京にも、グローバル資本主義の光と闇の空間が形成されつつある（大沼 2009）。現時点では、エスニックによるアンダークラス層の形成にまではなっていないようだが、国際化の進行につれて注意しておきたい点である。

第四章　中学校——国際化への対応

少ない日本語学級

人の能力が、言語力に尽きるものでないことは十分に心得ている。母語でなら、さぞかしいいたいことがあるだろうと思う場を幾度か経験している。しかし、日本の教育界という限られた環境のもとで自分の能力をアピールするとなると、日本語力がものをいうのも事実である。都の日本語の指導体制はどうか。

都で日本語学級の設置が行われたのは、一九八〇年代からである。そこで都教育委員会は、一九八九年三月「公立小・中学校日本語学級認可要綱」を作成した。そこには、日本語学級設置の目的や児童生徒の基準数、基準日等が定められている。目的には、「日本語能力が不十分な児童・生徒に対し、日本語の習得を目的とする授業を行うことにより、通常の教科についての学習理解及び生活習慣の習得を容易にし、教育効果の向上をはかる」とある。

学級設置の基準数は一〇人以上、基準日は毎年四月一日の児童生徒数である。ただし四月末日まで、転・編入により児童生徒が確実に増えることが予測されるときは、予定者数に含めることができる。その後の増減については、特に増加しても年度途中での変更は行わないとされた。当時は、帰国児童生徒や中国引揚児童生徒が学校に多く現れた時期で、その対応策として打ち出された。この要綱は、その後一部改正されたが、基本はこんにちにまで及ぶ。この間二五年のうちに、実態に合わないことも起きている。

たとえば、子どもの転・編入は、日系南米人なら通年を通してみられるし、中国系は母国の年度が変わる八月、九月に多くみられる。難民の子どもは、来日の予測すら不可能である。通年への対応は無理としても、二学期制を単位に少なくとも後期以降への対応はできないものか。また一〇人以上の在籍者というのもきつ過ぎる。

さらに解せないのは、日本語学級認可要綱が作られ四半世紀以上たち、外国人児童生徒が一段と増加しているのに、都内で日本語学級のある学校が極めて限られていることである。二〇一五年二月時点で豊島区には、小学校に二校あるのみで中学校にはない。二三区内でも日本語学級のある小学校は全体で一六校、中学校八校（全日制）に過ぎない。市部でも小学校は、八王子市、福生市、武蔵村山市の三市に一校ずつ、中学校になると八王子市に一校のみである。東京都独自の「学校基本調査報告」によると、都の小学校の総数は、二〇一一年で一三六七校、同じく中学校は八一九校ある（東京都総務局統計部人口統計課）。日本語学級設置率は、小学校約一・四％、中学校約一・

表4－1　2012年度　日本語指導が必要な外国人児童生徒数（東京都）

	小学校	中学校	高等学校	合計
23区内	724	583	285	1,592
23区外	235	109	40	384
	959［1282］	692［650］	325［366］	1976［2303］

出典：文部科学省「日本語指導が必要な児童生徒の受入れ状況等に関する調査（平成24年度）」の結果についてより、筆者が作成

一％である。

東京の世界都市化が進み、ダイバーシティが進行しつつある折、日本語学級の設置数がこれだけで子どもの受け入れ態勢は十分といえるだろうか。以前聞いたことが頭をよぎる。日本語学級の設置には、学校長の判断が大きく、なかには設置することにより外国人集中校になるのを避ける意図も働くと。しかしそれ以上に大きいのは、やはり都教育委員会の外国につながる児童生徒への日本語指導なり受け入れ施策の方だろう。

二〇一二年度、都二三区内の日本語指導が必要な児童生徒は、小学校七二四人、中学校五八三人、高等学校二八五人、二三区外で小学校二三五人、中学校一〇九人、高等学校四〇人である。義務教育段階でも都全体で一五〇〇人以上、高等学校を混ぜると二〇〇〇人近くの児童生徒が日本語指導を必要としている（表4－1、［　］内は二〇一四年度の数、文部科学省公表分では都区内・外別まで知れないため、本文中の分析は一二年度のもので行う）。

日本語指導は、日本語学級だけではなく、基準を超える学校では加配で対応しているというかもしれない。もともと小中学校の教員数は、

義務教育標準法に、高等学校は高校標準法により、主に学級数を基準に算出されるが、加配とはその定数を超えて教員配置が行われることをいう。たとえば、いじめの撲滅や特定教科の向上を目標にした臨時増がそれにあたる。

しかし日本語指導を必要とする子どもや地域は、一時的、かつ短期的なものでなくなりつつある。東京都などは、日本語指導を必要とする児童生徒は、かなり増え、かつ今後も増加が見込まれる。加配のような臨時的措置で切り抜けられるものではない。現に、都の日本語学級設置基準を単純に当てはめても、日本語学級は一〇〇校近く、中学校も七〇校分に相当する。

こうした近年の日本語指導を必要とする児童生徒数の増加を念頭に、文部科学省は二〇一四年四月から、日本語指導を特別の教育課程に位置づける省令改正を行った。これまでの日本語指導は、取り出し等により学校単位で行われてきたが、教育課程上の位置づけがなく、するもしないも学校に任されていた限りで単なるサービスの域を出なかった。それを特別支援教育のように特別の教育課程に位置づけ、正規の教育課程で行えるようにしたのである。

しかし都教育委員会は、省令改正が行われても日本語指導は加配ですでに対応済みとみている。加配の配置には、日本語指導を必要とする児童生徒数の決まりがあり、日本語指導を必要とする児童生徒がいても加配が得られるわけではない。現に日本語指導を必要とする児童生徒がいるのに、加配されていない学校は多い。

今回の文部科学省の省令改正によると、教育委員会と学校で日本語指導を特別の教育課程に位置づけたいなら、指導教員の確保という問題はあるが、日本語指導を必要とする児童生徒の多寡には関係なく組める。しかし都内に、特別の教育課程に位置づけようとする学校は一校もない。日本語がわからなければ、日本の学校にはついていけないだけに気になることである。

筆者は、日本語指導を特別の教育課程に位置づけた意義を論じた前著で、特別の教育課程を導入する自治体としない自治体とで差の生じる危惧も述べた（佐久間 2015, 243, 273）。先ごろ文部科学省より、今回の制度改革後の日本語指導の現状に関する最初の調査結果が公表された。全国の日本語指導を必要とする外国人児童生徒中、小学生の二七・一％、中学生の二三・二％が、日本国籍者では、小学生二一・二％、中学生一九・〇％が、特別の教育課程で指導を受けている。この数字は、新しい制度が始まったばかりの時期のものなので（二〇一四年五月時点）、今後増える可能性はあるが、日本国籍者の日本語指導を必要とする者が急増中なのに（表4－2）、小中ともに低いのはなぜなのだろうか。

新制度の実施に際し必要な措置として、「日本語指導担当教員の配置等日本語指導の体制整備」をあげた自治体が最も多かった。東京都は二〇一五年度も導入していないが、その理由はわからない。ただ東京都は、総人口が多いだけに日本語指導を必要とする外国人児童生徒も日本国籍者も共に多い。開かれた国づくりを目指し、高度な専門技術者を呼び込もうとしながら家族に伴う子どもの受け入れが不十分なら、定住をためらう者も多いだろう。

表４－２　日本語指導が必要な外国人児童生徒数と日本国籍の児童生徒数

	外国人児童生徒数	日本国籍の児童生徒数
2004 年	19,678	3,137
2006 年	22,413	3,868
2008 年	28,575	4,895
2010 年	28,511	5,496
2012 年	27,013	6,171
2014 年	29,198	7,897

出典：文部科学省「日本語指導が必要な児童生徒の受入れ状況等に関する調査（平成 26 年度）」の結果についてより、筆者が作成

日本語加配の実情

具体的に区内のＥ中学校をみてみよう。同中学校は、これまでみた小学校区と重なり、二〇〇四年四月、隣接校を併合する形でこれまた生まれかわった統合校である。二〇一四年の訪問当時（複数回）、五〇〇人弱の生徒がいた。学校の統廃合により、児童生徒が遠距離通学を強いられるのは都内も同じである。前にみた小学校から本中学校まで通うのに、場所により三〇分かかる所もある。小学校卒業後、久しぶりに会った本校に通う生徒から、「以前よりスリムになりました」と語る遠距離通学の子がいるとは、小学校校長が教えてくれた話である。都内でも統廃合により通学に長時間を要する者がでている。

本中学校は、外国人集中区内の学校だけに外国につながる生徒は多いが、日本語学級はない。統合前の二〇〇三年三月にも訪問したことがあり、その時の外国人在籍者は表４－３の通りである。

Ｅ中学校の全校生徒は、当時、一年次九三人、二年次

表4－3　E中学校の各国別外国人生徒数（2003年度）

学年	中国	台湾	アメリカ	韓国	フィリピン	ミャンマー	日本語指導が必要な者の数	学年ごとの生徒数
1	4	1		1	1	0	3	7
2	4	1	1		1	1	2	8
3	5	0		3	1	0	5	9
計	13	2	1	4	3	1	10	24

注：2003年訪問時の聞き取りをもとに筆者が作成

八一人、三年次八七人の合計二六一人であった。学級は、当時も現在も四一人以上は二学級になるので、各年次とも三学級あった。外国人生徒はすでに二四人いたが、帰化している生徒や両親のどちらかが外国人の生徒もいたので、外国につながる生徒の在籍率となるとさらに高い。統合後、本校生徒はざっと二倍になった。

日本語学級はなくとも日本語指導を必要とする生徒が五人以上いれば、加配の対象になる。本校には現在、日本語指導で一名の加配がついている。二〇一四年度を例にすれば、加配教員の専門科目は国語なので、他の科目の国語教員二名と合わせて国語教員を各学年に配置し、日本語指導にのみ特化する形では運用していない。これは区教育委員会が、加配教員を日本語指導にのみ当てるのも、普通学級を担当させ、日本語指導はそのほかの教員も含めて空き教員の時間を利用して行うのも、各校の裁量に任かせているためである。

教育委員会によっては、教員が日本語加配で配置されたときは、それ以外の担当を禁ずる所もあるが、豊島区はそうではない。今後、全国的に日本語指導を必要とする子どもが増えれば、この辺の運用基準も統一する必要がある。逆にいえば、日本語指導の専門性がまだ広く認められてはおらず、どの教員でも可能との認識があることこそ問題ともいえる。日本語指導の専門性が認められれば、おのずと運用基準も収斂する。

豊島区は、都内有数の中国人の集中している地域である。その居住範囲も年々拡大しつつあり、人の移動の盛んな所である。その中心ともいえる地域の中学校に、日本語学級がないのはどうしてであろう。日本語加配はついても日本語学級がなく、かつ教員に空き時間がないときは、来たばかりの生徒も教室でただ座っているだけになる。都教育委員会も国際理解教育、グローバル教育を重視しているだけに整合性が問われよう。

難しさ増す日本語

同校で日本語指導が始まったのは、二〇〇二年度からでありまだ十数年の蓄積しかない。日本にニューカマーの子どもが大量に現れ始めたのは、一九九〇年の改正入管法施行以降であり、先進地域ではすでに二〇年以上の蓄積がある。この点でも都の日本語指導体制は遅れている。

このことは区の教育委員会も気になるようで、日本語の不自由な児童生徒は、区教育センターで指導をしている。しかし、加配配当校の生徒はみてもらえない。本校には、二〇一四年度も夏以降だけで、中国を中心に数人の生徒が編入し、まったく日本語がわからないにもかかわらず、十分なケアのないまま受け入れられている。

加配教員は先にみたような採用方式なので教員に空き時間でもなければ、日本語が理解できなくとも母学級に座っていなければならない。海外から来たばかりの生徒でも、源氏物語であれ、徒然草であれ聞いていなければならない。日本の首都東京で、五年後にはオリンピックを控え、外国人に住みやすい日本が合言葉にもかかわらず、学校にこのような現実がある。

学校を訪問した際、三年次の廊下には、各生徒の学期中の生活と学習に関する努力目標が掲示してあった。目を通していくうちに、明らかに内容から判断して海外から来た生徒のいく人かにであった。日本の子どもの多くは、勉強に早く取りかかり、試験当日に慌てないようにしたいとか、他人の迷惑にならない人間や人の気持ちの理解できる人間になりたいなどの理想が並ぶ。

しかし外国につながる生徒の文章には、「日本語を頑張る。日本語を覚える。友達をいっぱい作る」、「学校でクラスメートと一緒に毎日を楽しく過ごしたい。日本語を上手になりたい」（ママ）とあった。たしかに、友人関係を築くにも日本語が必要である。人間として生きる上での基礎的能力を身につけることが目標になっている。何か追い詰められたものを感じる。都内有数のニューカマーの多い学校で、果たして現在の体制で生徒たちの目標を実現させてやれるのか考えさせられる。

もう一つ、同区の日本語学級のない他校の例である。この学校も三年生に、「好きな言葉」、「将来の夢」、「がんばりたい教科」等七項目を聞いている。明らかに外国にルーツのある一生徒は、スキップしている項目も多いが、「将来の夢」に「けんこう」とあり、「がんばりたい教科」は「ほけん体育」で、「得意なこと」も「たいいく」（ママ）とあった。恐らく母語でなら、たくさん書きたいことがあるに違いない。「将来の夢」に中学三年生で「けんこう」としか書けない当人の心境を思うと、日本語指導をどう系統的に実践するか、区はもとより都全体が問われているようにも思う。

先述したE中学校を訪問した時期は、九月中旬の三年生の京都への修学旅行が終わったばかりで、思い思いの観察記録も掲示してあった。阿弥陀如来坐像、東寺大日如来帝釈天、十一観音像、広隆寺の弥勒菩薩、拝観音像、木造五大明王等、日本人にも難しい漢字や固有名詞が並ぶ。中国人にもこれらの字は難しく、ましてアルファベット圏の生徒には気の遠くなる単語に違いない。漢字文化圏の子どもとそうでない子どもとでは、日本語の文字に対する慣れが相当に異なる。

同校にも非漢字文化圏の生徒がいるが、漢字に対する基本的な観念が欠けている。家庭にも新聞がなく、日本的文字文化（漢字）に接していないので、漢字に対する基本的な観念そのものが存在しない。日本語指導でやっと覚えたなと思っても、試験をするととんでもない字となって現れるという。文字の基本的意味そのものがわからないため、日本人には思いもしない文字に化けるのだ。親兄弟も含めた家庭の文化資本の影響がいかに大きいかは、このような学習の時期にもっとも大きな開きとなって現れる。

しかも文字、特に漢字の習得には、学びの姿勢、文化も関係する。日本人なら誰しも小さいとき、特定の漢字を五〇回、一〇〇回と反復・筆記をさせられた経験をもつ。こうした反復練習の文化をもつ国ともたない国もある。漢字を覚えるには、反復練習が向いているが、言葉をみるだけで覚えさせる国もある。

同校には定期試験のとき、学校長を通して申し出があれば、通訳による別室受験も可能である。

入学試験ではなく、期末や中間試験のときの通訳による別室受験である。豊島区の日本語指導員が毎年三〇人前後登録しており、区が「外国籍児童生徒及び保護者に対する指導協力者（通訳）派遣実施基準」を作成し運営している。しかし生徒は、学年が進むとこの別室受験を好まなくなる。自分の力で受けたいと申し出る。ただそれは、かなり無理をしていることが多い。試験問題の意味そのものがわからなくて、正しい能力の判定が不可能なこともある。

日本語はたしかに難しい。修学旅行の感想記録をみても、社会や国語は単なる教科を学ぶというより、日本の文化や心性を身につける一環になっている。阿弥陀如来像や観音像等は、そこはかとなく日本古来からの仏教文化や伝統的精神を伝えている。単なる文字を習得させる日本語学習だけで可能か、上級生になるにつれて国語や社会科教育の奥深さを考えると、日本語指導の専門家による系統的な訓練の必要性を感じる。

ディベイト力の要請

日本語力が肝要なのは、国語に留まらない。ある公民の授業では、「異物混入の事件はだれの責任か」、「製造物責任法（Product liability, ＰＬ法）は本当に必要か」が話し合われていた。はじめに教員があらましを説明し、そのあとは、四人が一組になって組ごとに司会者を決めデスカッションする。それが三度繰り返される。そのたびごとに、教員は、生徒が他のメンバーと混じり合い、仲間が固定化されないように気を配る。子どもたちの生き生きした姿が目撃されるのは、こうした授業のときである。板書による授業にはみられないほど、子どもたちは潑剌とする。

イギリスの授業では、多くの授業がディベイト形式で進められるが、日本ではあえてディベイトも授業時間として設けるところに、日本的授業の特徴があぶり出されている。ディベイトも、教科としての指導なり訓練の対象なのだ。板書による受け身の授業では、国際交渉力もつかない。昔はなかったこうした試みも、国際化への対応として要請されている。

しかし日本語もままならない海外出身の生徒には、辛い時間でもあるようである。三人を前にして、しかも三度、人前で自分の意見を論じなければならない。質問の意味も、日本にある法律の中身もわからないまま、自分の意見を相手に説明しなければならない。来た当初は、もっぱら聞き役に回るというが、慣れてもかなりの日本語力が求められる。こうした授業に接すると、かれらの「早く日本語がうまくなり、みんなと一緒に仲良くなりたい」というのも、切実な願いであることが分かる。

日本の生徒にとっては、板書による授業より楽しい時間でも外国に通じる生徒にとっては苦痛そのものだろう。板書による授業の方が、黙って字をなぞるだけでも自尊心を傷つけずにすむ。あるいはこうした授業なら、日本語学級に身を置きたい心境であろう。ある日、そう思いたくなる場面に遭遇した。授業は中学二年生の国語である。南米ペルーからほど遠い絶海の孤島、イースター島に生まれたモアイを論じた文学作品に関する授業である。

教員は、モアイについて基本的な説明をした後、四つの問いをたてた。①一体誰が作ったのか、

②どうやって巨大な石を運んだのか、③突然作られなくなったのはなぜか、④モアイを作った文明は、その後どうなったか、文中から解答を引き出すのである。生徒たちは、あらかじめ配られた解答用紙に想うことを書き始める。来日五ヵ月目の中国の生徒は、一切鉛筆を取らなかった。書き終えた者は、教科書の「学習の窓」に目を通す指示もついて行けないようである。

休み時間にかれと話をしたが、中国東北部出身で日本の学校には後期から来たという。日本に来て日本語学級の経験もない。休み時間、廊下に出れば他クラスの祖国の生徒と話ができる。さっそく他クラスの中国人と中国語での会話が始まった。授業中にはみられぬ快活さである。筆者も輪に加わったが、日本語上手な同学年の中国の子は、小六から来ており、日本語学級で鍛えられたという。中学校にも日本語学級があれば、いきなり文学観賞のような高度な授業を強いられることもなく、これからの教科学習に必要な基礎学力が学べる。日本語学級での専門家による日本語指導の必要性が、授業のいたるところで感じられる。

学校の関心は英語教育

ところが現在の日本の学校の関心は、文化の異なる子どもの日本語指導より、英語教育の方にある。二〇一一年四月から、小学五年からの外国語活動（実際には英語学習）が必修化された。現時点では、年間三五単位時間、一週間一時間だけで評価も点数化もしない、まさに英語に親しむ訓練である。そのため英語教育に詳しい専門家によれば、効果のほどは疑わしいという。語学は一週間に二〇〜三〇時間集中的にやって初めて効果が出るもので、一時間程度でははじめから限界があるという。しかし、英語必修化の動きは、より低学年化する勢いである。すでに私立学校では、小学校一年次から英語を教えているし、これらの動きは全国的に加速化しそうである。

文部科学省は、二〇二〇年の実施を目途に小学校四年生以下にも英語教育を拡大する予定である。すでに全国には、特例制度により小学校四年生以下でも英語教育を導入している学校は、一七〇〇校に上るという（日本経済新聞、二〇一二年九月九日）。自治体単位で英語を小学一年生から正式教科にする所もあり、英語教育低学年化はますます拍車がかかりそうである。

それでも日本の動きを遅いとみる人は多い。近年は、中国人も多くなり、友人の一人は日本に子どもを連れてきて決定的に学力の落ちたのが英語という。小学四年のかれの子どもは、中国にいたときは英語が話せた。中国の英語教育は小学一年から始まり、国際学校などはすべてが英語による授業である。しかし日本の小学三年に編入後は、たちまちにして英語を忘れてしまったという。こうした日本近隣諸国の英語教育の動向は、文部科学省にとっても気になるところだろう。

アジア近隣諸国の動向は、英語教育の正道とか理想ばかりは振りかざしておれない。文部科学省の危機感を反映し、最近、区内中学校の学内の掲示版にも変化が起きている。自己紹介ならぬ「他己紹介」のコーナーがあり、自分のことでもよいが、他人や身の回りの、たとえば子猫のことなどを英語で紹介しあう。日常的に身近なものを英語で表現し、読み書きに慣らす訓練である。

こうした動きもあり、現在の中学校の授業で以前の授業と大きく異なるのは、英語の授業である。

どの学年のクラスにも複数の教員が張り付いている。一人は英語の教員だが、もう一人はＡＬＴ（Assistant Language Teacher、外国語指導助手）である。中学校、高等学校の英語の授業を英語で行う方針のもとに、複数の教員が貼り付いて対応している。社会のグローバル化による英語教育は、ここまできている。

同校も区教育委員会の指導もあり、英語教育にはかなり前から取り組んできた。文部科学省の方針では、一九九八年に学習指導要領が改訂され、小学校にも国際理解教育の一翼を担うものとして英語活動が導入された。その後、二〇一一年度からは、小学校五・六年生から英語活動として必修化された。しかし英語に親しむカリキュラムは、区内では一年次から始まっている。二〇一三年時点でも、外国語指導助手（ＡＬＴ）による巡回指導が行われており、一年生は年間八時間、二年生は一二時間、三・四年生は二〇時間、五・六年生は三五時間指導を受ける。

年間三五時間とは、週一回の割合であり、八時間は月一回相当である。その他一二時間や二〇時間は、外国語指導助手（ＡＬＴ）の来るときに合わせて臨時にもたれる。外国語指導助手（ＡＬＴ）は、数校掛けもち指導をしており、次年度も連続して同一校に来るとは限らない。この辺の児童との関わりが課題である。

小学校からの英語教育となると、現在の小学校教員養成のカリキュラムから変更していかないと対応できない。しかし小学校の英語教育に合わせた教員養成のカリキュラム改革に取り組んでいる大学は少ない。現実に追いつけないほど変化が速い。いつまでも外国語指導助手（ＡＬＴ）に任せる形でよいのか。各教育委員会には、日本語指導もさることながら、義務化の子どもたちの英語指導はさらに大きな課題となっている。

外国語指導助手（ＡＬＴ）の採用には、いくつかの雇用形態があり、文部科学省（二〇一〇年）によると、①ＪＥＴプログラムで来日した人を自治体が雇用するケース（九七一自治体）、②自治体独自の直接雇用のケース（四三四自治体）、③自治体が民間に業務委託をするケース（六一八自治体）、④民間会社による自治体への派遣のケース（一三七自治体）とある（インターネットによる）。このうち③のケースは、しばしば教員はもとより学校も指導内容に関し、口出しできないこともあり問題を含む。学校側が直接、派遣講師に教える内容や仕事の指示を与えることは、偽装請負に相当する恐れが生じるためである。

しかしこの雇用契約による採用は、同区をはじめ結構多い。授業参観などを通し、よく担当教員と外国語指導助手（ＡＬＴ）との間で意思疎通のとれていない例が報告される。これは、日本人の担当教員と外国語指導助手（ＡＬＴ）との言葉が原因で、細かな打ち合わせができないからではない。むしろ、講師の派遣制度に由来することの方が多い。そのような齟齬を少なくするため、教育委員会は、学校側と会社側の間の調整役としてコーディネーターの役割を重視しているが、そのコーディネーターも教育委員会所属の者ではなく、派遣業者側の者である。

本来、教員採用に関しては、教育関連法規に教育職員免許法があり、この規定の定めに応じて、採用を都道府県教育委員会が行い、区市町村に配置している。しかし外国語指導助手（ＡＬＴ）に関しては、国レベルでの採用基準がなく、文部科学省のみならず都も関与していない。区が独自に調達している。そのため最近は、ひと頃前よりは聞かなくなったものの、指導助手には不向きな人もおり、なかには本人の都合で途中で止めるケースもある。指導助手とはいえ、英語の教育課程の一部に関与する訳であり、教育課程に責任をもつのは学校長である。学校長は、次年度の教育課程を前年度中に届け出なければならない。しかし制度上、外国語指導助手（ＡＬＴ）の監督・管理を学校長が行う権限は認められない。

　このまま民間の業者に委託する形でよいのか、さらにかなりの経費を要しており、費用対効果はどうか検証すべき課題も多いが、二〇一八年までには現在の英語指導を五・六年生は評価付きの英語教育にし、三年次から英語に親しむ指導を行う予定等、現実の変化が速く対応が追い付いていない。

　そもそも小中高の授業を参観しても、チーム・ティーチングでもない限り主教員以外に複数の教員が張り付くのは、英語ぐらいである。外国語の性格上やむを得ない面もあろうが、児童生徒本人のレベルや特徴を知った上での指導となると、専任教員の英語力を高める方が重要であろう。五年ごとに教育の重点目標を定める教育振興基本計画も、公立中高の英語教員の英検準一級以上ないしはそれ相当の資格を掲げている。しかし最新（二〇一四年度）の調査でも目標充当率は、中学校で二八・八％、高等学校で五五・四％であった。政府は、二〇一七年度まで中学校で五〇％、高等学校で七五％の達成を打ち出しているが、難しいようである。

しかも地域間格差も大きい。周辺地域が押しなべて低いとはいえないが、それでも中学校では秋田を除く東北五県において低い。文部科学省は、地域間格差是正に向けて対策を講じるべきであるし、都道府県教育委員会も市町村教育委員会に丸投げせずに、国と共同して英語教員の研修等を充実させるべきである。市町村教育委員会も、いきなり外国語指導助手（ＡＬＴ）にふる前に各校の専任の英語教員の英語力のブラッシュアップこそ優先すべきと思われる。現状のままでは日本の小中高の英語教育は、民間の英会話学校の草刈り場になりかねない。

現状を憂う人のなかには、英語の指導助手なら国籍にこだわらず、日本人でも留学経験等、きちんと教育を受けた人ならよいという意見もあるが、一般にはネイティブへのこだわりが強く、民間業者への委託が続いている。昨今の英語化への動きは、日本の教員採用人事の在り方や校長の権限・責任の範囲に至るまで、大きな問題を投げかけている。

こうしてみると、英語教員の補充問題とも別に日本の海外出身の生徒は、近年の英語化の流れの下で三重の言語の壁に向き合っている。一つは自分が身を置いている日本語、二つは家族との会話に欠かせない母語、三つが英語である。日本でいうグローバル化とは、別に英語化なりアメリカ化と同義である。日本でいう国際人とは、英語を話しビジネス上の交渉能力を有する人をさす。この理想像は、海外出身者にも学校教育を通して容赦なく伝わる。

英語圏に身を置く海外出身者なら母語と英語になるが、日本で高等教育まで進学するとなると、日本でしか通用しないものの日本語が必須となる。言語上のこの三重の壁は、外国に通じる児童生徒にはそれなりにきつい。在籍校で日本語指導が受けられない生徒は、区教育センターまで通わなければならない。その間の時間のロスもばかにならない。

ボランティア頼りの進路指導

言語にハンディがあるにもかかわらず、東京という地の利もあり中学修了後は多くが高校に進学する。しかし進学を目指す生徒側からみると、進学を支える校内体制づくり、制度、スタッフの配置等改善の余地を残す。

文部科学省は、増えつつある外国に通じる児童生徒を念頭に、二〇〇八年に『外国人児童生徒教育の充実方策について』を各教育委員会に配布した。ここで目を引くのは、外国人児童生徒の多い学校ではかれらの教育を校務分掌に明確に位置づけ「全校的な指導組織の整備をはかる」としていることである。これはもはや外国人児童生徒の教育が、ひとりや二人の熱心な教員のサポートでは限界があり、学校全体で受け止め、学校制度のなかにもかれらの教育を専門に扱う組織を設ける必要性を説いたものである。

同校にも校務分掌が明確化され、教務部、進路指導部、生活指導部が設けられている。教務部はさらに細分割され、教育課程、時間割、教育実習、情報・視聴覚教育、図書館教育等に分かれ、進路指導部も進路指導、学力調査、総合的な学習等に分かれている。外国に通じる生徒の高校進学は、進路指導のなかでなされるのであろうが、これまでもみたようにかれらのなかには、日本の高等学校の内容そのものがわからない者もいるし、先輩等の人的資本・関係性を欠いている場合も多い。日本の子どもと同じ進路指導では、ほとんど対応不可能であろう。

先の文部科学省の文書は、こうした場合、外国に通じる生徒の進路指導のために校務分掌にも明記し、学校全体で支援体制をつくる必要性を喚起したものである。世界都市東京の外国に通じる生徒の多い学校でも、まだ校務分掌にまで位置づける取り組みはなされていない。

その代わりをしているのは、ボランティアによる進学説明会(ガイダンス)である。都内では二〇〇〇年に始まり、すでに二〇一四年度で一五回目を数える。同年六月、都内の大学で開かれた進学説明会を例にとると、一〇〇人以上の参加者があった。ただしすべてが、来年の受験を目指す中学三年生という訳ではない。父母や支援者も来ており、なかには中学一、二年生もいた。教育熱心な中国系では、親子の参加が目立つ。

会場には、生徒の隣に座る通訳者のことを考え、あらかじめグループごとに一二の円卓が設けられていた。タガログ語が三円、英語一円、ネパール語一円、ポルトガル語一円、韓国語一円、中国語五円である。通訳者の数も相当なものだ。

進学説明会に使用する資料が大変よくできている。入試の日程や試験の流れ、必要書類のような受験に関するものばかりではなく、都立高校の種類や奨学金、入試に代わる認定試験等、高校進学時に必要な情報が満載されている。本来このような資料は、学校や都教育委員会が準備すべきものと思われるが、みるにみかねボランティアグループが準備している。この資料が手に入る者と入らない者とで、すでに大きな差が生まれている。

外国人児童生徒の教育が、義務化されていないということは、子どもたちにとってかなり不利である。会場に来た生徒には、この資料は手に入るが、田舎の子や都会の子でも、このようなサポート団体の存在を知らない生徒には入らない。高校の入学に関するこの種の重要な情報は、関係するすべての者に公平に伝わる必要がある。これがどれほど担保されているか、今一つ不安は残る。同年だけでもガイダンスは六回もたれているが、会場のこともありそれでも空白区は生じる。葛飾区、江東区の東部と板橋区等の北部ではもたれない。参加するにもかなりの時間をかけないと不可能の者もいる。

資料の言語も中国語、英語、タガログ語、タイ語等とある。本来は、日本政府が批准している国際規約、諸条約の精神や子どもの公平な進路保障のために、都道府県教育委員会なり市町村教育委員会がもっと積極的に支援すべきものである。

説明会の前半は、都立校の一般的な進学説明にあてられ、私立校の一部の説明もあった。面接試験のよい例と悪い例の模範演技付きである。推薦や特別枠受験に面接は付きものであり、近年は面接評価の比重が増しているというから、模範演技付きは、生徒にとってこの上ないヒントになる。ただし都立高入試は、二〇一六年より、全日制は従来の三教科から五教科に変わる予定で、調査書や面接評価も変わる。こうした情報も、ガイダンスではしっかり伝えている。いまやボランティアの進学ガイダンスは、外国人生徒にとりなくてならいものとなっている。

また現在の高一年生が三人登壇し、中学生活を振り返って日本語や教科をどのようにして勉強したか、現在の高校生活はどうか臨場感あふれる話をした。出身国は、中国の男女一人ずつとコンゴの子であった。驚いたのは、いずれも二〇一二年に来日したばかりの子どもである。集中的に日本語や教科を勉強した者たちである。これは、来て間もない海外出身の本人や親、保護者に大きな勇気を与えたようだ。やり方によっては、自分も高校に行けるという希望がわく。身近なところにロールモデルをもたない生徒にとり、同じ境遇の先輩の話は、大変な励みとなる。

後半は、ブロックごとに分かれて個別相談にのる。ブースは、都立校、私立校、日本語や教科のサポート団体（多文化共生センター、CCS〔世界の子どもと手をつなぐ学生の会＝Club of Children and Student Working Together for Multicultural Society〕、東洋大学スピリット等）、心理相談コーナーや司法書士による相談窓口まで設けられていた。ここまでボランティアが対応している。驚くほどの充実ぶりである。都立校の先生も一〇人位来ており、多くの保護者と生徒がつめかけていた。

たしかに説明会の回数や場所は、会場のこともあり限定されている。とはいえ高等学校に勤務する教員有志により、受験に関する内容や情報はここまで充実しつつある。都は、いつまでこのような善意のボランティアに、海外出身の子どもの進路指導を任せ続けるのだろうか。

文部科学省は、二〇一一年『外国人児童生徒受入れの手引き』を公表した。その第五章では、わざわざ「都道府県教育委員会の役割」を具体的に示している。外国人児童生徒の就学率や高校進学を高めるため、都道府県教育委員会は「外国人児童生徒や保護者などを対象に、日本の学校制度や高等学校への進学情報、高等学校奨学資金などの情報を提供するため、県内数カ所で就学支援ガイダンスを開催することも有効です。その中で、ロールモデルとして、外国籍の先輩（高校生や大学生、社会人）に自分の体験談や後輩である小中学生へのメッセージを伝えてもらい、外国人児童生徒に対して、将来への夢や希望を育む機会の一つとしましょう」（『外国人児童生徒受入れの手引き』2011, 50）と述べている。

ボランティアが、いみじくも文部科学省が勧める外国籍の先輩や体験談まで準備している。本来なら、都教育委員会が率先して日本人生徒を主とする合同説明会とは別にもち、開催案内は各学校を通して外国人生徒に伝えるべきである。そうすれば情報も公平に伝達可能になる。都教育委員会は、後援には名を連ねている。ならば、教育委員会関係者の参加があってもよいと思われるが、そうしたことは聞いたことがない。自治体によっては、地域の教育委員会と共催、ないしは教育委員会の委員自らが説明する所も現れており、今後はより踏み込んだ支援が必要ではないか。

必要な就学支援

進路指導の充実に加えて、本校との関係でもう少し触れておきたいことがある。豊島区の繁華街にも近い本校には、もう一つの特徴がある。それは就学援助制度の利用者が多いことである。正式な名前は、「就学援助」である。

学校教育法第一九条は、「経済的理由によって、就学困難と認められる学齢児童又は学齢生徒の保護者に対しては、市町村は、必要な援助を与えなければならない」と定め、生活困難な者への就学援助制度がある。豊島区は、学校教育法を踏まえ独自に豊島区就学援助費支給要綱を作成し、生活保護を受給している者やそれに準ずる者を対象に支援している。

規準となる金額は、家族人数によって異なる。お金は、保護者の口座に入れるのが普通だが、保護者が使ってしまい学校に払えないこともあるので、そのときは、校長の口座に入れる。学校で困るのは、給食費が徴収できないことであり、給食費は納付金のなかでも高額の部類になる。

申請は区教育委員会にする。家庭の所得や本人のことが審査され、認められれば、給食費、修学旅行、移動教室、通学費等の援助が得られる。制服や体育着に関する入学準備金のような支給もある。これは、憲法二六条の義務教育無償の原則を踏まえた入学支度金に相当する。前年度の所得が三〇〇万円を基準にする所が多いが、それ以上でも就学中の子どもが多い場合など、本人の事情を考慮することもある。

就学援助は、都内でも地域によって異なる。同校生徒は、二〇一四年度で入学支援制度を利用する者が、全体の三割である。他の地域は、二割五分というから明らかに多い。このところ就学支援受給者が増加の一路をたどっている。日本人のみならず、外国人児童生徒にも増えている。都内だけでも一九万人弱おり、ここ一五年のあいだに以前の一・五倍である（東京新聞、二〇一二年一〇月二一日）。ところが、就学支援とも関連する生活保護に関して気になることが起きている。それは、永住外国人にも適用外の最高裁判決が出たことである（日本経済新聞、二〇一四年七月一九日）。

判決そのものは、生活保護が永住外国人を想定していないとするもので、現に支給している現実を否定するものではないが、自治体によっては、付与すること自体を違憲とみなす自治体も出てこよう。就学援助は、生活保護家庭に多いだけに、不利益の連鎖にならぬ配慮が必要である。日本人も含めて就学支援受給者は、家庭の文化資本や社会的な関係資本を欠いている者に多い。特に外国人児童生徒には、シングルファミリーも多く、家庭内資本も社会関係資本も共に弱い（宮島、2014, 13)。

また夜間学級に典型的であるが、援助に地域間格差の大きいことも見逃せない。都内二三区はすべて認めているが、周辺の市町村では認めない所も多い。たとえば、武蔵野市、西東京市、立川市、武蔵村山市などは認めていない。八王子市や清瀬市は、一九歳以上には認めない。小平市、昭島市、稲城市は二〇歳以上に認めていない。夜間中学校には、一九歳以上の者も多く、就学援助が支給されるのとされないのでは大きな差を産むだけに、地域間格差をなくすことも必要である。

就学支援を必要とする児童生徒と並んで、こんにち外国人の子どもで見逃せないのは、無保険の子どもが増えていることである。東京都に限らず、無保険の子どもの問題は、日系人の多い東海地方で問題化した。親の保険には、国民保険と社会保険があるが、後者は企業が掛けるものである。しかし日系人の多くは、派遣企業で勧誘されて来日したケースが多かった。派遣企業が下請け企業に送り込む形である。

となると保険は、派遣企業か受け入れた企業が支払うことになり、保険金としての掛け金二分の一の負担を逃れるため、保険を掛けない例が頻繁に起きた。また日系人にも、短期出稼ぎの場合は、掛け金が捨て金になることを恐れて、本人も保険金の半額を支払うのを避けようともした。そのため無保険の子どもが、大量に発生したのである。

もちろん外国人児童生徒も学校に受け入れられた時点で、独立行政法人「日本スポーツ振興センター」の保険に自動加入する。これは、災害救済給付契約である。保険の契約書をみると、区と保護者で半額ずつ負担することになっているが、豊島区では全額を区が負担している。一人九四五円(二〇一三年度)、豊島区なら小中で約一万人弱の在籍者数なので、保険総額は約九二五万円となる。日本の公立学校のすべてが、この保険に入っている。私立校は、別保険である。

しかしこの保険の対象は、あくまでも学校内で起きた怪我などで、学外では学校行事による課外活動や修学旅行等の事故に限られる。つまり一般の病気には適用されない。子どもに多い歯痛、目・耳・鼻の病気、さらに風邪等は対象外である。結核も過去の病気ではなく、根強く残っている。クラスの外国人の子どもが病気になり、みるにみかねて担当教員が立て替えた例もある。

子どもの学力達成には三つの資本が必要とされる。いうまでもなく経済資本、文化資本、社会資本である。社会資本は、社会関係資本ともいわれるように、進路指導に関する諸団体との交流・つながりも含まれる。周辺化された地域やゆとりのない世帯、言葉にハンディをもつ外国につながる児童生徒には、これらの資本すべてを欠いている者も少なくない。子どもの貧困が社会問題化しているこんにち、そのなかでも日本の子どもも含めて就学中の子どもの健康をどう守るかは、最重要課題である。子どもが安心して学ぶためにも、親の保険とセーフティ・ネットの問題は欠かせない。

就学、編入学への柔軟な対応――グローバル化によるねじれ

外国人児童生徒の就学率を高めるためには、これまでのようなセーフティ・ネットの強化に加えてなお必要なことがある。それは就学や編入学への柔軟な対応である。小学校への入学は、外国人であっても親が希望するなら比較的簡単である。問題は中学校である。これも中学校入学時点で来日した子は、本人にとって日本語についていくのは大変でも、編入への制度的障壁は少ない。意外にも難しいのは、以前から日本にいる子どもである。

たとえば、小学校をフルにインターナショナル・スクールや朝鮮人学校で過ごし、中学校から日本の学校に行こうとすると、日本の小学校未修了のため困難なことがある。日本国籍を含む重国籍の子どもは、二二歳まで重国籍が認められるが、中学校に入る時点で重国籍だと日本人であるということで、日本の小学校を卒業していないと公立中学校への入学が難しいこともある。

外国人生徒が、中学三年生でも編入という形で日本の学校に入れるのに、日本に居ながら日本の小学校を出ていないばかりに、中学一年次から入学が認められないのは、どう考えればよいのだろうか。これは日本人の場合、学校教育法を遵守することが義務だからである。同法第五章中学校第四五条には、「中学校は、小学校における教育の基礎の上に、心身の発達に応じて、義務教育として行われる普通教育を施すことを目的とする」（傍点は筆者）とあり、国内居住の邦人なら日本の公

立中学校への入学には、一条校小学校の修了が義務づけられている。

在日韓国・朝鮮人の子どもで、親たちは日本国籍に切り換えたが、本人がまだの場合（帰化可能な年齢は二〇歳以上、その前は親権者が申請）、小学校を朝鮮人学校で過ごし、中学校から日本の学校へというのはよくある。ところが同じ境遇でも、小学校時代に家族でそろって日本国籍を取得すると、朝鮮人初級学校から日本の中学校へ編入することが困難になることがある。

そこでスムースな日本の中学校への入学のため、涙ぐましい努力がなされる。外国人学校を時期ではない五年次や六年次途中で止め、日本の小学校に切り換えるのである。明らかに日本の小学校未修了扱いを避けるためである。都内のある区教育委員会は、つい先日まで中学校への入学条件として、日本の小学校未修了者には入学資格がありませんとし、その例としてインターナショナル・スクール卒業生をあげていたほどである。最近になってこの一文は削除されたが、これまでの入学資格を変えたのではない。表に出すことを避けたのである。

もともと日本の中学校が小学校課程を修了した者を前提にしたのは、一八七二年の文部省布達第一三号別冊「学制」にまでさかのぼる（三上 2005, 3)。そこでは、第二十章で「学校ハ三等ニ区分ス大学中学小学ナリ」とし、第二十九章で「中学ハ小学ヲ経タル生徒ニ普通ノ学科ヲ教ル所ナリ分チ上下ニ等トス」とあった。当時、国境を超えた人々の動きがここまで盛んになるとは思われていなかった。人の移動のグローバル化は、これまでの教育制度の根幹をも揺るがせている。

この他、加配や日本語指導対象者数を計算するとき、日本国籍者は、対象に含めずに計算されることがある。日本語が理解できなくとも、教育委員会によって加配は、外国人の日本語指導を必要とする人なり、外国人でなければ日本語指導を受けられないなどの内規を有する所もある。日本語加配なり日本語教室は、もとは日本語の不自由な者の指導のためのものだから、国籍で切っては、もともこうもないことが現実にはよく起きる。

高校受験の特別枠に関しても微妙な線引きがある。教育委員会によっては、来日以後三年以内の生徒に限定する所が多い。この枠での受験を考えると中一以降の来日者に限定される。しかし日本語が不自由なとき、小学六年生で受け止められた方が本人にとってよい場合もある。そうなると高校受験の際、特別枠が活用できなくなる。一年ずらしてまで対策を講じたことがかえってあだになるケースである。

現代は、家族も多様化しているが、学校も多様性に富んでいる。グローバルな人材が求められている折、規定を杓子定規に当てはめるのではなく、もう少し子どもの最善の教育を重視する視点で評価してもよいのではないか。その点で参考になるのは、東京都が、義務教育の年齢制限を中国帰国者受け入れの際、三年延長したことである。

一九八五年三月一五日、都教育庁学務部義務教育心身障害教育課長名で「中国引揚子女の学齢超過生徒の受入について」を公表し、学齢超過の生徒でも「一八歳において、義務教育を終了し得る見込みの者であるならば、特段の理由がない限り、学齢超過を理由としてその就学を拒否することは、合理的でない」として、各区市町村教育委員会学務課長に、積極的な受け入れを求めたのである。

いかにも日本人の血をひく者への血統主義的な配慮といわれそうではあるが、中国帰国者のみにではなく、他の外国に通じる学齢超過者へも適用されるなら、救われる子どもも多い。このような子の最善の教育を優先する施策が採用されるなら、保護者もあえてどちらの学校も中途になるような選択を子どもに強いないはずである。

求められる就学義務化

外国人児童生徒の不登校をもたらす原因には、日本語が理解できないとか日本文化にとけ込めないなど、本人側の問題もさることながら日本の制度的なものも大きい。それは再三述べてきたが、日本では外国人児童生徒の就学が義務化されていないことである。

しばしば聞くことだが、外国人の子どもが不登校になり、当初は担任も何度か家庭と連絡を取ったが、親もそれほど学校にやろうとはせず、学校側も就学が義務でないこともあり、しだいに連絡が遠のくことである。日本の子どもなら、学校も教師も何とか連絡をとろうとし、戻すのが不可能でも学校に代わるフリースクールや豊島区なら教育センター等の機関を紹介し、それこそ学校に戻れるようになるまで待たれるが、外国人児童生徒はそうではない。

考えてみると、就学期を迎える外国人の子どもが地域にどのくらいいて、そのうちどのくらいの子どもが学校に通っているのか、同様に義務教育を修了した子どもがどのくらいおり、その後の進路がどうなっているか、対策を練るにも現状の正確な把握が求められるが、手に入らないのが実情である。外国人の子どもに、日本の学校への通学は義務でないため、基礎的数値も取る必要がないのだ。

就学義務化を本格的に考えるべきと思うのは、国際規約との関係もさることながら、義務でないことがあまりに多くの子どもの一生を台無しにするケースが頻発することである。戦後しばらくの間、外国人とは在日韓国・朝鮮人の時代が続いた。かれらは、義務でないとはいえ戦後の混乱期を除けば、民族学校を設けて受け止め、独自の民族教育がなされた。当時は、日本の学校への就学義務化は、むしろ日本語なり日本文化への同化として敬遠された。しかし現在は、外国につながる児童生徒は多国籍化し、民族学校の種類も増えた。それだけにきちんとした対応が迫られる。

日本では、子どもの健康チェックや予防接種等の検査は、学校を介して行われる。学校保健安全法施行令第一条では、検査は「学齢簿が作成された後翌学年の初めから四月前までの間に行なうものとする」とされる。検査の内容も第二条で「1　栄養状態、2　脊柱及び胸部の疾病及び異常の有無、3　視力及び聴力、4　目の疾病及び異常の有無、5　耳鼻咽頭疾患及び皮膚疾患の有無、6　歯及び口腔の疾病及び異常の有無、7　その他の疾病及び異常の有無」と定めている。いずれも成長時に必須の検査が並ぶ。

この学校保健安全法は、〇九年四月一日に学校保健法が改正されたもので、就学後に関しても同法施行規則で六月三〇日までに健康診断を行うこと、さらに検査項目も同六条に詳細に定め、過去の病気でないとされる結核も検診に課している。

以前は、子どもはすべて日本の学校に就学するものと考えられ、学校を通して健康状況を把握する方法がとられた。しかし現在は、外国人児童生徒も多国籍化し、在籍校も多様化している。ところが学校保健安全法にいう学校とは、「学校教育法第一条に規定する学校をいう」（第二条）とされる。一条校以外の外国人学校には、子どもの成長を定期的にチェックする健康診断や予防接種等は及ばない。同法第二条で対象者は、「学校に在学する幼児、児童、生徒又は学生をいう」としているので、定期検診の期間は、幼稚園から大学までになる。しっかりした教育機関なら独自の措置を講じているが、そうとばかりもいえない。外国人学校を学校に準じるものに認めていく努力も必要である。

豊島区のような都内でも有数の外国人の多い所で、外国人が住民登録に来て、就学年齢相当の子どもがいても、窓口で就学の意志を確認したり、学校の案内をすることは控えているという。理由は義務でもないし、すでに外国人学校に通っているケースも多いからという。日本の学校に通わせたいとき、手続きに関する英語と中国語の案内はあるが、その他の言語はない。皮肉にもこの二カ国なら案内がなくともそれほどダメージはない。英語圏の人は、わざわざ世界的言語の英語を捨てても日本の学校を選ぶ人は少ないし、中国系の場合は、人的関係資本が豊富である。むしろその他の国々の子どもの就学が、気にかかる。つい気おくれして手続きに至らない者も多いだろう。

外国人学校支援法

今日のように日本社会が国際化すると、以前のような日本の子どもだけを前提とした教育制度の見直しが求められる。外国人の子どもも含む就学義務化といっても、すべてを日本の学校に就学させることではない。真意は、外国人も日本滞在中、学齢児童生徒がいれば就学が課されることをいう。日本の学校を選択するか否かは、保護者の自由である。となると、どの範囲までを学校と認めるか否かが問われる。

これについてもすでに日本は、大学受験や高校無償化をめぐり重要な議論がなされている。たとえば大学受験資格に関しては、海外の高等学校に相当と認められる日本の外国人学校を修了するか、国際的な評価団体の認定を受け、かつ一二年の課程を修了した者には受験資格を認めている。こうした卒業生を出す高等学校には、初等、中等部があり、前者に相当する高等学校だけでも二〇一三年時点で三七校あり、それ以外の基準をパスした学校も含めると相当の数になる。

学齢期の子どもにとって日本在留中、義務教育が課されないと、たとえ一〜二年の短期でも教育を受けない空白期は、その子の生涯に計り知れない影響を及ぼす。日本語の習得は、英語やスペイン語、中国語と異なり、通用する範囲は日本だけに限られる。外国人のなかには、日本語が日本社会だけに限定され、子どもを日本の学校に就学させることにメリットを認めない者もいるが、日本の学校だけではなく、一定の条件を充たしたインターナショナル・スクールや民族学校も含めて義務化を考えれば、多くの不就学児童生徒の救済にも通じる。

それと並んで、このような外国人学校を準一条校に認めて、一条校の学校を前提にしている子どもの保健衛生に関する受診資格を拡大していくことも必要になる。そのためにも、以前ある政党が主となり、自民党にも働きかけ、成案を目指した外国人学校支援法のような法律を成立させることも必要である。残念ながらこの法律は、自民党内部がまとまらなかったため廃案となり、その後〇八年のリーマンショックにより外国人が減少したこともあり頓挫してしまったが、今後の国際化に向けて必要な法律である。この法律は、以前、一九六〇年代後半から七〇年代前半にかけて、たび出された外国人学校法案のような外国人学校の管理や取り締まりを目的とした法律ではなく、あくまでも支援法なので外国人の子どもの教育を義務化すればその必要性も高まる。

外国人だからといって日本は何もせず、子どもの教育を保護者の自由に任せる時代ではなくなった。かくも社会が流動化しつつ高度化し、知識による専門化・技術化が進行する現在、学齢期の空白は本人の知的成長に取り返しのつかない影響を及ぼす。四〇〜五〇歳代の空白期とは違うのだ。いつまでも日本の学校は、子どもを日本国民にするための学校なので、外国人に強制することは好ましくないなどと、綺麗ごとばかりいっては済まされない。国民教育が狭すぎるなら、それは日本の子どもの教育にもいえ、よりグローバルな教育に変えていく必要がある。それと並んで、民族学校も含めて義務化を考えるときに来ている。

そもそも外国人の子どもの教育を義務化するといっても、それは日本で初めてのことではない。外国人でも日本の教育を義務化した時代があった。その歴史からもこんにちは、学ぶ必要がある。

就学を義務づけられた外国人

ときは一九四八年一月二四日、文部省の通達「朝鮮人学校の取扱いについて」による。内容は「朝鮮人子弟であっても、学齢に該当するものは、日本人同様、市町村立または私立の小学校又は中学校に就学させなければならない」というものである。敗戦後多くの朝鮮人は帰国していったが、一九四六年一二月一五日以降日本に残る朝鮮人は、帰国拒絶者とみなし、日本人同様に扱おうとした（小沢 1973, 189）。

朝鮮人の就学義務化が解除されたのは、五三年二月一一日の文部省初等中等教育局通達、「朝鮮人の義務教育諸学校への就学について」によるから、五年少々ではあるが、在日朝鮮人は外国人とされながら就学が義務づけられた。

朝鮮人の就学義務化には、アメリカ側の意図が大きく働いた。当時、朝鮮半島の共産化を恐れていたアメリカは、日本の民族学校が拠点となり、民主化運動が共産主義運動に転化するのを恐れた。そこで一九四七年一〇月、日本政府に「朝鮮人諸学校は、正規の教科の追加科目として朝鮮語を教えることを許されることの例外を認められるほかは、日本（文部省）のすべての指令にしたがわしめるよう、日本政府に指令する」（呉 2009, 142）と日本政府に朝鮮人学校の統制と管理を求めたのである。

このGHQ（連合国最高司令官総司令部）の指令を汲む形で出されたのが、先の文部省による通達である。日本側の通達の真意は、外国人としての朝鮮人児童生徒の就学を義務化するより、朝鮮人の民族教育を否定し、日本の教育に同化させることにあった。民族学校を各種学校にも認めないとするなかに、学校を拠点に民族運動が共産主義運動へ転換することを日本政府も恐れたのである。

朝鮮人の子どもの就学義務化が、外国人の教育を受ける権利を保障する意図からのものではないので、サンフランシスコ条約により日本の独立が承認され、国家主権が確立するや出されたのが、五三年の文部省の通達である。そこでは、日本国籍でない者に義務教育を施す必要はなく、たとえ「外国人を好意的に公立の義務教育学校に入学させ」ても「義務教育無償の原則は適用されない」とした。

このオールドカマーへの教育に関する通達は、その後のニューカマーの教育施策にも通じるものが多く含まれている。外国人の教育は義務でなく、恩恵であること、好意的に受け入れる際は、日本の規律に従わせること（現在はそのために誓約書をとる所もある）、学齢簿に載せる必要はないので、外国人の転校は認めず編入扱いにし、本人の学習記録に相当する指導要録はつけなくともよいこと（現にそのような教育委員会もある）、不登校化したときは教育を受ける権利はないので自主退学も覚悟せざるを得ないこと（教育の権利が認められている日本人の場合は、不登校化しても、再度、学校に登校できるまで待たれるし、その間フリースクール等で学べば正規の授業にカウントされる）、外国人の子どもが多くても、母語教育は課外でしか認められず、正規の教育課程には位置づけることができないことなど、外国人児童生徒教育の基本はこのときに方向づけられたものである。

義務ではないので、就学期を迎えた外国人児童生徒に不就学の子どもがどれだけいるか調べることも、教育委員会の熱意しだいになる。文部科学省は、毎年、学校基本調査報告書を出し、不就学者数を調べている。しかし既述の通り、義務化されていない外国人児童生徒のは除かれる。これらはすべて、在日韓国・朝鮮人との関わりのなかで固められていった施策である。

マイペックス（Migrant Integration Policy Index, MIPEX）と呼ばれる先進国とは限らないが、各国別の移民の統合に関する数値化された指標が公表されている。判定項目には、雇用へのアクセス、家族の呼び寄せ、政治参加、長期滞在の可能性、国籍取得、人種差別を禁ずる法の存在に並んで教育の統合度が数値化されている。日本も二〇一〇年から参加し、ＥＵ加盟国以外にもオーストラリアやカナダ、アメリカ等の移民国をはじめ韓国やトルコも参加し、先進国を中心に約四〇ヵ国に及ぶ。教育に関する統合度をみると、先進国のなかで日本は、一〇〇ポイント中一九ポイントとかなり低い。数値の単純な比較は慎まなければならないとしても、ほとんど途上国並みの教育統合施策の段階である（最新の二〇一四年のものでは二一ポイントとなり、三八ヵ国中、二九位となる）。

国際比較で信じ難い低位にあるのも、ニューカマーの時代になっても依然として教育が、オールドカマーの施策の延長上にしか位置づけられていないことも関係しているのではないか。そう考えると、信じ難い数値もそれなりに合点がいく。

排除から包摂へ

日本の外国人の子どもの教育施策におけるオールドカマーの存在は大きかった。ただ外国人児童生徒受け入れの歴史において、戦後間もない時期の施策と比べると最近の変化がみてとれる。一口でいえば、外国人児童生徒排除から包摂へと大きく変わってきている。

一九四七年四月一二日、「朝鮮人児童の就学義務について」で、朝鮮人が、小学校等の学校や各種学校を新設する場合、府県は許可してよいかの問いに、文部省が「差し支えない」と回答したのは、かれらを日本の学校から排除するためである。同じ排除の思想は、かれらを日本の学校教育に義務化したときにもうかがえる。前述の朝鮮人子弟であっても、学齢相当の者は、「日本人同様、市町村立または私立の小学校」や「中学校に就学させなければならない」というのは、「各種学校の設置は認められない」とセットになり、日本の学校以外の学習選択権を剝奪し、その上、民族の文化、言語を捨てよというのだから、具体的な民族なり、人間であることを捨てよというように等しい。同化という名の排除が生きている。

これがしだいに包摂へと旋回していったのは、一言でいえば、グローバリゼーションの深化によるが、具体的には、法と人のグローバル化による。法のグローバル化とは、国際社会でとり結ばれた世界人権宣言や子どもの権利条約等が、締約国にカウンターブローのようにしだいに効いていったことと、実社会でも人の移動が盛んになり、移動する人々の人権に配慮するとなると、国際規約の遵守が避けられなくなったことである。

これまでの植民地住民の移動が主ならば、歴史的ないきさつや、独特の主従関係が災いし、国民レベルでとなると容易に過去のわだかまりは清算できない。しかし、来日する人も多様化、「多文化」化すると、特定の民族だけを念頭に排除するなどという施策はとれなくなる。多くの人一般に共通する施策へ向かう度合いが強まる。排除から包摂に向かう両様の契機があったのである。

第五章　夜間学級——マイノリティがマジョリティ

法的位置づけ

義務教育に相当する教育機関で学級の多文化、多民族化をもっとも端的に示すのは、夜間中学である。夜間中学といっても戦前のものとは異なり、映画化までされている現在の夜間中学は、戦後の混乱期に全日制に通えない義務教育の子どもに、せめて夜だけでも基礎学力をつけようと大阪市立生野二中で始まったものである。その後この取り組みは、全国に普及し、一九五四年には日本全体で九〇校近くに及んだ。

しかし日本の経済が立ち直り、しだいに豊かになるにつれ夜間中学で学ぶ者は減少していく。国にも先進国でありながら、義務教育に夜間学校があるのは不名誉との想いもあり、かつての勢いはしだいに下火となる。一時は二〇校にまで縮小したが、現在はやや回復したもののそれでも全盛期のほぼ三分の一に過ぎない。しばらくは三五校の時代が続いたが、二〇一四年度より横浜の夜間中学の統廃合も行われたため現在は三一校である。

夜間学級というのも義務教育に夜間学校は認められず、全日制に変則的に夜間学級が併置されているとの解釈による。設置の法的根拠も、教育基本法や学校教育法にはよらず、学校教育法施行令第二五条及び学校教育法施行規則第九条による。そこではそれぞれ「市町村立小中学校等の設置廃止等についての届け出」の五で「二部授業を行おうとするとき」や「二部授業実施の届け出手続」において「二部授業を行うことについての届出は、届出書に、その事由、期間及び実施方法を記載した書類を添えてしなければならない」とある。

夜間中学は、あくまでも教育法規上は学校ではなく二部授業の学級扱いである。名称も正式には「中学校夜間学級」であるが、すでに多くの関係者から夜間中学の名で親しまれ、年一度の全国大会も夜間中学（全国夜間中学校研究大会）で通っていることもあり、ここでも適宜夜間中学の名は使用する。

ただ名称とも別に、これから本格的なグローバル化の時代を迎え、全日制では補えないような多様な生徒が出たとき、二部授業体制――すなわち戦後の混乱期や災害等の教室不足による臨時措置を想わせる体制で、果たして国際化に対応可能かという不安は残る。

生徒の文化的背景

東京都にも夜間学校が八校ある。都内の夜間学校の最大の特徴は、半数以上に日本語学級が設け

表5－1　東京都内夜間中学8校の一般学級と日本語学級の生徒数

	足立	八王子	双葉	文花	糀谷	三宿	荒川	小松川
一般学級	31	34	21	37	29	45	45	43
日本語学級	54		13	36		36		31
合計	85	34	34	73	29	81	45	74

出典：東京都夜間中学校研究会調査研究部『東京都夜間中学校生徒実態調査』2013年をもとに筆者が作成

られていることである。夜間学校の産みの親は前述の通り大阪であり、大阪府内には現時点（二〇一五年）でも東京をしのぐ一一校あるが、日本語学級は制度として設けられていない。したがって学級の分け方も、日本語指導の必要のない一般学級と日本語学級ではなく、学習の出来、不出来を基準とした編成である。

都内で日本語学級があるのは五校であり、もっとも生徒数の多い学校は八〇人前後が四校、少ない学校で三〇人前後三校、他に中堅校一校である（東京都夜間中学校研究会調査研究部『東京都夜間中学校生徒実態調査』2013）。生徒数の多い四校は、いずれも日本語学級をもっており、生徒数の少ない二校には、日本語学級はない。これから外国人にとって日本語を学べることが、夜間学校の魅力の一つになっていることがわかる（表5－1）。

このことは夜間中学の性格が、こんにち大きく変わっていることを示す。以前の経済的貧困（「古典的な貧困」）による教育の取り戻しとしての識字教育から、「新しい貧困」としての不登校や不就学の受け止めなり再教育機関の役割を果たしつつ、かつグローバル化による海外からの多くの義務教育未修了者の受け皿になっていることである。国が違えば、義務教育の開始時期や期間が異なり、出身国と日本の制度のはざまに置かれて、全日制では対応困難な生徒の貴重な受け入れ機関の役割をも担っていることである。

日本語学級の全員が外国につながる生徒であるが、一般学級の生徒には日本人と外国人の双方が混じる。学年が上がり日本語に習熟するにつれて、一般学級に移り教科指導を受けて高等学校や専門学校を目指す者も出るからである。表5－2の二〇一三年でみると、日本人は、青中高（後述）と若年であり、こんにち夜間中学の多くが外国につながる生徒である。もちろん、「日本人」をめぐる問題は複雑であり、のちにもみるがここでいう新渡日や引揚等の人にすでに日本国籍を取得している者もいる。にもかかわらず夜間中学の多くが、外国につながる生徒であることは踏まえておきたい。

東京都の夜間中学は、日本人生徒より外国につながる生徒の方が多い。この傾向は全国的にみられ、大阪にも市内だけで四校の夜間中学があるが、生徒の八〇%が外国につながる生徒である。さらに西のある市の夜間中学は、以前訪問した折その九〇%以上を外国につながる生徒が占めていた。社会の新しい流れが、いつも少数から始まるとすれば、夜間中学にみられる多国籍化、受講者年齢の多層化、生徒の家族関係も含む育ちの多様な背景等は、未来の学校や今後の全日制の動きを探る上でも示唆することが多い。

出身国で多いのはどこか。以前は、韓国・朝鮮、中国、フィリピンであったが、近年は、中国、フィリピンに加えて、ネパール、ベトナムである。このところネパール、ベトナムの増加が著しい。

表5－2　過去20年間の夜間中学在籍者の年齢や来日の背景

	1995	2000	2005	2010	2013
新渡日（その他）	81	112	183	372	324
移民	12	7	2	0	0
在日韓国朝鮮	31	18	10	5	3
難民	4	17	27	30	8
引揚	177	265	130	114	60
青中高	101	65	42	23	29
若年	43	19	17	31	31
総数	449	503	411	575	455

出典：東京都夜間中学校研究会調査研究部『東京都夜間中学校生徒実態調査』2013年をもとに筆者が作成

新宿区隣の中野区には、全日制のネパール人学校もできており、新宿区からも多くのネパール人が通っているが、夜間中学の動きは全日制の動きを先取りしている。

一般学級や日本語学級在籍者といっても、年齢や世代、来日の経緯はどうか。それをここ二〇年間、都内八校をさかのぼってみたものが表5－2である。

ここで「新渡日」と呼ばれる人々は、表5－2でいう「移民」、「在日韓国朝鮮人」、「難民」等以外の近年のグローバル化により来日した外国人であり、いわゆるニューカマーに相当する。「青中高」とは、青年、中年、高齢者の略で二〇歳以上の日本人であり、「若年」とは二〇歳未満の日本人である。「移民」とは、南米等に移住し、その後日本に帰国した人々のことであり、典型的には日系ブラジル人やペルー人に相当する。興味深いのは、夜間中学の過去二〇年間の在籍者の動向から、日本の移民政策が読みとれることである。

近年多いのは、経済のグローバル化によりニューカマーが増えていること、序章でも述べた特殊日本的多国籍化要因の一つでもある、かつての日本の典型的な外国人にみられていた朝鮮半島出身者が減っていること、引き揚げの人々もピークを過ぎていること、難民の受け入れの少なさがよく問題になるけれど、夜間中学においてもその裏付けが可能なこと、日系南米人は都内では少数なことなどである。これに日本人の動向と結び付けると、二〇歳以上の古典的な貧困がらみで学校に行けなかった中高年の生徒数は、このところめっきり少なくなったが、逆に新しい貧困に代表される不登校の全日制に行けなかった生徒がいつも一定数いることである。表5－2の「若年」には、その層が含まれる。

不登校は、日本人、外国人を問わずに大きな教育問題である。一時は、五年連続して小中学校の不登校は減少したが、二〇一三年度は前年度より七〇〇〇人増え、六年ぶりに増加に転じた。たしかに不登校に対しては、本人の「ズル休み」や家庭の甘やかしになどとみる偏見も少なくなり、かれらを受け止める機関も増えている。フリースクール、フリースペース等世間でも認知されているものも多い。しかし夜間中学は、学校教育法施行規則に基づいた教育機関であり、授業料は無料である。新しい貧困に国がらみで対応するとなると、充実していくことが望ましい。

夜間中学には定員がなく、義務教育未修了者を少しでもなくす上で条件を満たせば、できるだけ受け入れる方針をとっている。ただ日本人にすらあまり知られていないこと、東京都を例にとれば、都内在住か都内在勤の者で、二〇一四年度でいえば、一九九九年三月までに生まれた者（一五歳以上の者）などの条件があり、入学資格の段階でふるい落とされる者もいる。一五歳未満は、全日制に行くことが求められ、結局不登校のままとなり、卒業してしまったため、夜間中学にも行けない子どもが結構いる。一度卒業証書を授与されると、夜間中学といえども受け入れられない（本書編集作業中、文部科学省は、不登校のまま中学校を卒業した「形式卒業者」も、今後学び直しを希望する者は、従来のように義務教育修了者として一方的に排除せず、夜間中学の空き状況等を考慮し「入学希望既卒者」として柔軟に対応するよう全国の教育委員会に通知した。「義務教育修了者が中学校夜間学級への再入学を希望した場合の対応に関する考え方について（通知）」二〇一五年七月三〇日）。

入学時期は、四月だけではなく九月期も設け、夜間中学によっては在籍期間最大五年の所もある。通常は、四月入学、九月入学共に一年からだが、九月入学の人は最大でも四年半になる。ただ在籍期間は、都内の夜間中学によっても異なり（五年から三年まで幅がある）、かつ地域差も大きく、大阪府は九月期の入学は認めておらず、在籍年数は最大六年である。

三重のセーフティ・ネット

近年子どもの格差問題が深刻である。夜間中学の大半の生徒が、就学援助を受けている。私が訪問した都内の夜間中学は、全校生徒の九〇％が就学援助を受けていた。それと並んで無保険の者も少なくない。夜間中学に入学した段階で、全生徒にいっせいにかけられるスポーツ保険はあるが、この保険は、前述したように修学時の怪我に限定されている。今なお、過去の病とはいえない結核のようなものは適用外である。この問題は、保護者が保険に入っていない日本人、外国人を問わずに無視できない点である。

また夜間中学の特徴は、日本人、外国人を問わず通常の正規の教育課程では受け止められないような生徒の受け皿になっていることである。日本人でも一五歳を過ぎると中学校への在籍が難しくなる。〇七年の教育基本法の改正により、義務教育の年数から九年という期間の定めはなくなった。先にもみたが、これはいずれ小学校入学年齢を、幼児教育の充実を目指し低学年化することを睨んでの措置ととれる。

しかし義務教育期間九年という定めはなくなっても、学校教育法第二章第一六条「義務教育」では、「保護者は、次条に定めるところにより、子に九年の普通教育を受けさせる義務を負う」とあり、次の一七条の「就学義務」には、「保護者は、子の満六歳に達した日の翌日以後における最初の学年の初めから、満一二歳に達した日の属する学年の終わりまで、これを小学校又は特別支援学校の小学部に就学させる義務を負う。②保護者は、子が小学校又は特別支援学校の小学部の課程を修了した日の翌日以後における最初の学年の初めから、満一五歳に達した日の属する学年の終わりまで、これを中学校、中等教育学校の前期課程又は特別支援学校の中学部に就学させる義務を負う」とあり、一五歳をもって義務教育は修了するとの規則は生きている。

夜間中学が、何らかの事情で中学校を卒業できない日本人及び外国人の受け皿になっているのは、全日制の在籍年齢の制限にもよる。また前述したが、本国の中学校を未修了のまま来日した者にとっても、日本語を習得しつつ高等学校以上の教育機関に進学したいとき、夜間中学校は貴重な役割を果たす。加えて夜間中学には、同年齢の子どもだけではなく、親のような生徒や仕事をもつ者も多い。これまで接したことのないような人から、仕事や社会のことも聞くことができる。外国人も多く、多文化、異年齢集団との接触・交流、少人数教育等、全日制にはない魅力もある。

多様化は現代社会のキーワードである。家族も人も文化も民族も多様化しつつあるこんにち、学校にも多様な受け皿があってよい。全日制だけでは、社会の速い変化に対応しきれないことが起きる。外国人に限ってみても、グローバル化の時代には、送り出し国と受け入れ国の間で正規の教育機関では受け止め難い多数の生徒を生み出す可能性があるので、これからますます人の移動の盛んな時代に、このような柔軟な教育機関を充実させることは重要になる。夜間中学は、現在数プラス各県一校は最低限必要な学校である。

幸いこのところ熱心な夜間中学の教員や自主夜間中学運営者などの努力が実り、国会議員も関心を持ち始めているのは光明である。二〇一四年四月には、「夜間中学等義務教育拡充議員連盟」が結成され、「一県に一校」が確認されたのは大きな前進である。教育再生実行会議や文部科学省も、従来の国勢調査では義務教育未修了者の実態把握に困難があり、現実には夜間中学が、不登校、不就学者の貴重な教育を受ける権利の保障の場になっていることを認めつつある。特に二〇一四年七月、教育再生実行会議は、「義務教育未修了者の就学機会の確保に重要な役割を果たしているいわゆる夜間中学について、その設置を促進する」と提言している。

文部科学省もこうした動きを踏まえ二〇一五年五月、夜間中学校の現状と自主夜間中学校の調査を公表した。現在、自主夜間中学校に通う者は、七五〇〇人近くに及び、正規の夜間中学校に通っている者（一八四九人）の四倍以上いることも判明した（朝日新聞、二〇一五年五月九日）。潜在的需要はかなり高い。すでに政府は、一九八五年一月の参議院文教委員会で「中学校夜間学級は、市区町村教育委員会が、地域や学校の実態等諸般の実情を勘案の上、その必要があると判断した場合に設置し、その周知をも図るものと考える」としているので、文部科学省の協力のもと、地方の教育委員会に夜間学級の開設に踏み切る所がでるかもしれない。

在留資格対象外の夜間中学

国際化著しい夜間中学ということになるが、在留資格の対象外であることは案外知られていない。夜間中学の生徒は、生徒といっても成人が多い。むしろ学齢生徒は入学できないので、夜間中学に入学する時点で十代後半でも在籍中に二〇歳を超える者は多い。外国人しかりである。就学が在留資格から留学資格に統合されてからは、留学は大きく二つに分けられる。

一つは、高等専門学校以上への留学で、大学、大学院はもとより短大、専修学校の専門課程そして高等専門学校である。もう一つは、高等学校や専修学校の高等課程ないし一般課程、各種学校並びにこれに準ずる教育機関である。ただしこれらの教育機関のうち、もっぱら夜間のみ教育を受ける機関は除くとしている。夜間中学校や定時制高校は、この夜間のみの教育機関に相当する。これらの機関で学ぶ者は、就労も禁じられているのでアルバイトをするときは、資格外活動の許可を得なければならない。

外国人の夜間中学の生徒は、定住者や日本人の配偶者でもない限り、在留資格の多くは家族滞在である。家族滞在というのは、一般には親の扶養に負うものであり、滞在期間も親の在留期間と同じである。夜間中学や定時制高校が在留資格外なのは、もっぱら昼間を就労にあてることを防ぐ目的もあるが、在籍中に二〇歳を超える者が多いこと、さらに自立しその後、高校、大学に進学する者もいることを考えると、いつまでも家族滞在のままで在留資格を与えることには疑問符がつく。一〇代後半ともなれば、親との別れや自立で生計をたてざるを得ないケースも生じる。国際化の進行から取り残された領域ともいえる。

たしかに新規入国者が、夜間の教育機関に在籍することをもって入国・在留資格にするには問題があるとしても、すでに家族滞在等の資格で夜間の教育機関に在籍中の者も、ただ夜間だけの理由でもっぱら夜間のみの教育と同じ扱いにするのは厳し過ぎる。このままでは、日本で教育を受けても自立のチャンスが摘まれてしまう。親が一年後に帰国を予定しており、子どもはそのまま夜間中学に留まり、将来は定時制に進学し日本で自立を望むとしても、親が帰国となれば就学中であっても帰国しなければならず、在留資格を変更するにも定時制では在留資格にはならず、自立の道も阻まれる。

二〇一五年一月からは、小学校、中学校への留学在留資格も始まった。一五歳未満になるので、寮のある学校や日本語能力等の資格は課せられるが、夜間中学修了者の自立の在留資格も何らかの改善の望まれるところである。日本人の選挙資格も一八歳以上に改正された折、いつまでも親との共通運命下に置く在留資格の在り方は、検討されてよい。

第六章　高等学校——未来の学校を映す定時制

定時制高校の現在

このところ定時制高校が大きく変化している。以前の定時制高校は、日中働いた青少年への高校教育を提供する場であった。しかし、世のなかが豊かになるにつれて、勤労青年の割合は減少し、代わりに多いのが、中学校を何らかの事情で通えなかったか、全日制の高等学校に合格はしたものの、その後通えなくなった生徒たちの受け皿としてである。

東京都をみる限り、定時制高校が大きく変わったのは、一九九〇年代から二〇〇〇年以降である。特に全日制と定時制校の併置型の減少が著しく、併置型はもっとも多い時期の三分の一にまで激減している（表6－1）。高等学校の総数は、少子化にもかかわらず大きな変化はないが、傾向として定時制の減った分、全日制が増えている。生き残った定時制も単位制高校やチャレンジ・スクール（自分で目標を設定し履修科目を選択する三部制の単位制高校）になり、なかには四年間ではなく三

表6－1　東京都の全日制と定時制高校の変化

	1967	1990	2001	2006	2007	2008	2009	2010	2011
全日制	208	312	330	334	334	344	345	359	358
定時制	17	7	12	18	25	25	21	15	15
併置	186	144	115	99	91	78	72	61	61

出典：東京都総務局統計部人口統計課、2012年『平成23年度学校基本調査報告』をもとに筆者が作成

表6－2　F定時制高校の年次別卒業者数

卒業年	1949	50	55	60	65	70	75	80	85	90	95	2000	05	10
卒業者数	41	66	185	173	169	158	107	49	43	54	56	39	37	35

出典：2014年度『学校要覧』をもとに筆者が作成

年間で卒業可能な定時制高校も現れた。ある程度豊かになった現代は、保護者の多くが全日制での教育を望むようになり、そのことが定時制高校の定員確保を困難にしている。

こうした定時制校を取り巻く消長は、都内の歴史ある一定時制校に着目しても確認できる（表6－2）。同校が新制の定時制校として卒業生を輩出したのは、一九四九年で四一名だった。六年後の一九五五年には、卒業生一八五人を数えている。都全体の定時制高校の動きとも連動し、本校もまた一九六七年、六八年は過去最大一八〇名以上の卒業生を出した。奇しくも一九六〇年代半ばは、団塊の世代の中学卒業の時期であり、東北地方では集団就職列車たけなわの時代である。しかし、集団就職列車も一九七五年には、二十数年の歴史に幕を閉じる。本校の定時制高校の勢いに陰りがみられるのも、一九七〇年代後半からで八〇年代になると卒業生五〇人を割る年が多くなる。二〇〇〇年代に

入ると、卒業生三〇人台も珍しくない。

日本人の生徒を獲得するのは困難になりつつあるが、外国につながる生徒の受験生は増えつつある。都内はもとより周辺の定時制高校では、どの高校も外国につながる生徒の在籍者数が増えている。夜間中学校同様、定時制高校も昼間働く青少年の高等教育の機会を確保する役割から、小中高の不登校児童生徒や高校中退者、あるいは外国に通じる生徒の受け入れ等、多様な生徒が学ぶ機関に様変わりしている。

都立定時制では、定員内不合格者は出さない原則なので、たとえ白紙に近い答案でも合格させざるを得ない。外国に通じる生徒で書けない理由の多くは、日本語が不自由だからである。となると、入学後のかれらの日本語指導が重要になる。文部科学省は、高校での日本語学級は制度としては認めていない（理由については、佐久間 2014, 268 参照）。義務教育と異なる高校は、それなりの学力を有する適格者の進学する所との考えからである。しかしそうなると、現実には授業が成り立たないので、都内の多くの定時制高校では、日本語指導の授業を設けている。

料理を作るのが好きなので調理師になりたい、人を美しくする美容師に関心がある、栄養士になりたい等、将来の仕事に夢を抱いている子は多い。これを可能にするにも、こんにち高校を卒業することは最低の必要条件になる。定時制高校は、全日制をドロップアウトした生徒や外国につながる生徒の貴重なセーフティ・ネットの役割を果たしている。

にもかかわらず、こんにちの高等学校が直面している大きな課題は、中途退学者が多いことであ

表6－3　F定時制高校の学年別・年度別生徒数

学年＼年度	2007年度	2008年度	2009年度	2010年度
1年次	50人（20）	43人（13）	44人（18）	71人（27）
2年次	38人（7）	43人（15）	43人（15）	45人（8）
3年次	33人（12）	39人（10）	29人（8）	37人（11）
4年次	34人（19）	27人（8）	36人（11）	29人（9）
合計	155人（58）	152人（46）	152人（52）	182人（55）

注：学校要欄をもとに筆者が作成、カッコ内は女子。年度により一部生徒が増えているのは、休学中の者が復学するなどの理由による

る。小中の不登校児童生徒は、ここ数年一二万人前後を推移中で、近年再び上昇傾向にある（文部科学省 2014, 71）。高校の不登校はこれもここ数年五万人台であるが、中退者はしばしばそれを上回る。なかでも多いのが、定時制高校である。全日制を中退しても、定時制に来れば退学にならないが、定時制を中退すれば、他に行き場がない。定時制高校のなかには、入学者の半分が中途退学する学校もある。

多い中途退学者

表6－3は、F定時制校の学年ごとの中退者の動向をみたものである。〇七年度に一年次の者（網かけ部に注目）は、〇八年度の二年次をみればその中途退学者数が分かる。単純にみると〇七年度に五〇人いた生徒は、〇八年度には七人減って四三人になっている。カッコ内は女子だが、全体的に女子の中退率が高い。〇七年に入学した生徒が四年後の二〇一〇年に卒業したのは、約半数の二九人であり、女子は二〇人の入学者中九人しか卒業まで残っていなかったことになる。

「単純にみて」といったのは、実際は、定員を充足しない際、しばしば追加募集をするからである。都立定時制では、前述した通り定員を充たさずに不合格者を出すことは認められない。現在の定員は六〇人である。最初の試験時点で定員を充たさなければ、全員合格になる。その後も定員を充足させるまで試験を繰り返す。その間も定員を充足しなければ、全員とり続ける。二次募集はもとより、三次募集、四次募集もザラである。三次募集は四月中旬、四次募集は四月末、最終入学者の確定は、五月の連休明けである。四次募集あたりで定員を超過したとき、初めて選抜が行われる。

欠員があれば、二学期も三学期も募集は続けられる。この時期は、他校を中途退学した転入生が多い。全日制で、一年次に学校で決められた進級できるための教科を落とした子は、二年生になれない。すると定時制高校に転入する。なかには全日制の二年生から、家庭科などを落として定時制の四年生に転入する生徒もいる。このような生徒は、全日制で二年間過ごし、定時制で一年間過ごして三年間で卒業していく。同じ全日制からの転入生でも、習得した単位数により、二年で全日制を退学しても四年に来る生徒と三年に来る生徒がいる。

生徒の多様化とはいうが、定時制高校の多様性ほどすさまじいものはない。教員によれば、一人ひとりの生徒に関し本が書けるほどだという。あまりに波乱万丈過ぎて、指導要録が書けないこともある。例外的な経験が多く指導要録に収まりきれないのだ。都教育委員会に問い合わせても、判断できないことも多い。筆者自身も当初、「緘黙生」「場面緘黙」の意味が分からなかった。家族やごく限られた人との会話以外できないことをいうが、一日中どころか、卒業まで声を聞かない子もいるという。

四次募集もザラだということは、日本語力が不十分でも合格する者がでることを意味する。追加募集者を加えても、卒業式を迎えられるのは限られた人である。これまた単純に卒業者数を四年前の入学者数で割ると、中退率四二％になる。

中退率の出し方には大きく二つある。一つは、入学者数を基数として卒業者数を割る方法、もう一つは、年度ごとに出す方法である。前者は明快だが、現実の定時制にはいつも編入生がおり、細かな増減があるので正確な動向にはならない。後者もたとえば数だけなら、三年次が二九人で卒業時も二九人となると、中退者はいないことになる。女子だと三年次、八人だが、卒業時には途中編入により九人なので、これまた中退率はゼロになる。

文部科学省は、単年度単位に出しているが、どの方法も完全ではなく、当該生徒に即した年度ごとの比較が必要になる。しかしこれでは、正確な統計がかなり煩雑になるのも事実なので、ここでは、定員の変わらぬ時期の動向を途中経過も考慮してみていくことにする。

大まかにみて、F定時制高校で二〇〇七年四月にいた新入生五〇人は、卒業時の二〇一〇年三月には、二九人に減っている。年度ごとの編入生を無視すると、入学時の半数近くしか卒業まで残らなかったことになる。一〇年度からは定員が増えたが、四年次からの編入は少ないのでこれも無視するが、現在の定時制校ではこれだけの生徒が中退している。高校の不登校数で、驚いてはいられないというのもわかる気がする。二年次、三年次には、編入生が多少いるからで、入学時数に即せば、中退の実質はもっと多いことになる。

中途退学の理由も半端ではない。生活の乱れ、学校への不適応、学習意欲の喪失、友人関係（いじめを含む）、経済的理由、家庭崩壊等が主なものだが、定時制高校を観察している筆者の印象では、時代によってこれらの比重が異なる。近年多いのは、経済的理由によるものである。経済的な困窮が、家庭崩壊を招き、生活も乱れ、学校からも遠ざかり、勉学の意欲をも喪失させ、友だち関係も築けない負の連鎖が確認できる。

家庭崩壊のなかでも多いのが、シングルペアレント（多くはシングルマザー）を背景にもつ生徒が多いことである。経済的な困窮は、家庭内トラブルの原因や家庭内暴力（家族関係の貧困）の温床になりやすい。家族の離散は子どもへの心理的負荷もきついが、経済的なリスクも大きい。格差社会の悲哀を痛いほどみせつけられるのが、定時制高校である。近年の問題の根っこには、経済的なものが深く関わっている。

気の毒な中退に、遠距離通学がある。もともと外国人向け特別枠に地域的な偏りがあり、合格はしたものの学校を終えて帰宅すると深夜近くなる。これは全日制にもいえ、遠距離通学に加えて朝の通学地獄が強いられる。このような経験のないアジアの農村部出身の生徒にとり、卒業まで通いきるのは大変である。これには、受け入れ校に関する制度的なものが絡んでおり、学校選定のバランスを考慮しないと解決は難しい。

中途退学の統計上の理由は、進路変更とされる。進路変更といえば、何かほかによい進路がみつかり、それを選択したかに思われがちだが、中身は退学である。高校の卒業資格もなく、実社会に放り出されることになる。未来の貧困家庭をつくらないためにも、中退者は何としても防ぎたいが、現実は厳しい。ある報告によると、中退者の約四割五分は、家事や非正規を含む仕事についていたが、何もしていなかったり、不明も同じ割合を占める（角田 2015）。定時制教員の話では、退学者が復学することはほとんどないという。

高等学校には、全日制と定時制の他に通信制があり、経済的にゆとりがあれば、通信制により三年以上在籍し七四単位を取得すると、高等学校の卒業資格が取得できる。ほかにも、高等学校卒業程度認定試験がある。通信制度ほど知られていないが、資格試験や専門学校、大学進学を希望するなら知っておきたい制度である。一六歳以上ならいつでも受験でき、試験科目は八教科、年八月と一一月の二回受験できる。いっぺんに八教科合格が難しいときは、徐々に合格科目を積み上げていくことも可能である。

ただし合格の認定は、一八歳以上になってからである。また高等学校卒業程度認定合格は、高卒とは異なるので学歴を必要とする者は大学に進学する。高等学校で一年次からの不登校ならいざ知らず、二年、三年からの中退なら、これまで履修した単位しだいでは試験科目が免除されるので、教員の適切なアドバイスも必要である。

試験そのものは、文部科学省が行っており、国籍に関係なく受験可能なので、高等学校の課程を修了できない者には、上級課程への進学方法として欠かせない制度である。これをサポートする予備校や教育機関もあるので、高等学校を中退しても落ち込まず、このような機関を活用するよう教員のかけ声が望まれる。

四人に一人が外国につながる

Ｆ定時制高校は、開校したのが一九二三年四月であるから、二〇一三年四月で創立九〇周年を迎えた老舗の高校である。ここには、全日制九〇〇人弱、定時制に二〇〇人弱の生徒が学んでいる。紹介しているのは、定時制の方である。

いうまでもなく定時制は夜間であり、本校の授業が始まるのは、一七時三〇分からで、一時限あたり四五分授業、四時限の終わるのが二一時〇五分、間に給食と清掃の時間が設けられている。全日制の一時限あたり五〇分授業に比べ五分短く、かつ一日の授業も四時限までなので、在籍期間は全日制の三年ではなく四年間である。一クラスの定員は三〇人で一学年二クラス制をとっており、全体の総数は学年により異なるが約二〇〇人、このところの特徴は、外国人や外国につながる生徒の急増である。過去七年の動向をみたのが、表6－4である。

国籍も多様である（表6－5）。フィリピン、中国、タイ、ミャンマー、韓国、その他パキスタン、フランスなどであり、国際色豊かである。クラブ活動が行われており、サッカー部などは、多国籍にまたがり、さながら国際選抜チームのようになる。

表6－4　F定時制高校の過去数年間の外国につながる生徒数、つながる国の数、全校生に占める割合

	2009	2010	2011	2012	2013	2014
外国につながる生徒数	20	37	45	51	46	34
つながる国の数	11	10	15	15	16	16
全校生に占める割合	15%	20%	21%	25%	21%	19%

出典：2014年、人権教育研究指定校資料をもとに筆者が作成

表6－5　F定時制高校の外国につながる生徒動向

	つながる国	総数	フィリピン	中国	タイ	ミャンマー	パキスタン	フランス	その他
2009	11ヵ国	20							
2010	10	37							
2011	15	45							
2012	15	51	14	11	6	5	2	2	11
2013	16	50	9	13	4	4	2	1	17
2014	16	34	2	8	2	8	2	2	10

出典：2014年、人権教育研究指定校資料をもとに筆者が作成
注：2013年度分は、当年度末ではなく7月1日時点のもの。その意味については本文にて説明。2009～2011年の国別の数値は略

独自の学力検査

F定時制高校では年二回（四月と九月）、全校生徒を対象に基礎学力のテストを実施している。たとえば漢字の読みなら、「希望」や「成功」のような小学校上級生から中学生までの漢字に振り仮名をする。漢字も基本は同じで、「ことば」や「きょういく」等が書けるか問われる。結果は、日本人生徒で五〇％、外国人は一〇％前後の出来である。特に非漢字文化圏の生徒にとって漢字は、ほとんど想像絶する文字となる。日本人にアラビア文字が、ほとんど歯が立たないのに似ている。こう

したことからも、高等学校でも体系的な日本語指導の必要性がうかがえる。

数学も、$37-14$ や 28×8 のような簡単な加減乗除から、より複雑な $80\div4\div(-4)$、$(-2)^6$、$-(-1)^8$ といった設問が続く（数字は少し変えている）。マイナスどうしやプラス・マイナスを含む加減乗除、二乗以上の計算の仕方やプラス・マイナスの記号の正否判断が試される。

数学は、中国系の生徒にできる者が多い。しばしば日本の生徒をしのぐ。全問正解の者もいるが、平均して六割から七割の出来である。簡単な加減乗除なら正解は九割、より複雑になると正解は、六割から七割になる。数学の出来は、学年にもあまり関係しない。

同校独自の国語と数学の成績からみても、外国につながる生徒の特徴がみえてくる。数学のように世界共通の科目なら多少の言語的ハンディがあっても、日本の生徒と十分に伍していける。高校や大学の進学を難しくしているのは、文字（言葉）や文化と深く関わる国語や社会なのだ。日本で職を得て自立するためにはもとより、進学するためにも高校での学習言語の指導が必要かつ重要になる。

日本語力と中退

高校入学者といえども日本語に苦労している者は多い。それも都立校の合格制度と関連することは前にみたが、理由はそれだけではない。生徒側にも来日時期の問題がある。中学三年生の八月、九月はまだよい方で、受験の二ヵ月前という者もいる。こうした家とは、連絡のため保護者に電話をしても会話が成り立たない。このような生徒でも、定員内不合格者は出せないとなると、高校側も日本語指導と教科をセットで考えないと、およそ授業は成り立たない。さもないと入学後の授業は、「スマホをいじってハイ終了」が現実となる。

学習言語の習熟に五〜七年かかるということは、高等学校時代の日本語学習こそ、今後の進路を確実にするために重要となる。定員内不合格者を出さないのが原則だとすれば、日本語のできない生徒が入学してくることを都教育委員会も認めていることになり、むしろ高等学校での日本語指導は最重要視されなければなるまい。そうでないと問題文すら読めないので、解答はなお困難となる。たとえ文章化せずともである。

海外の例になるが、論述テストでは採点者に好まれる書き形式のあることが知られている。この形式は、アカデミックな用語や身の回りの言語資本等出身階級の言葉づかいとも関係し、ブルデューやバーンスティンらフランス、イギリスの社会学者によって家庭の文化資本や再生産がらみで明らかにされた（ブルデュー 1994, 23, 129, バーンスティン 上、1980, 241）。日本は、一億総中流といわれた時期もあるように、欧米ほど階級文化は明白ではないし、家庭内言語の階級性も弱いといわれる。しかし、女性や母親を文化的再生産の重要なエージェントとみる視点は、国際結婚における子どもの学力達成を考える上で貴重である。同じ国際結婚でも母親が日本人か否かで、子どもの日本語力や学校との接触に差のあることがしばしば指摘される。家庭内の文化資本や使用言語の違いは、母親の子どもへの語彙力形成に及ぼす影響という点でもいろいろ参考になる。

日本の試験は、穴埋め型の単語を入れたり、記号を選択したりするものが多いため、長文試験の書き方に不慣れな者が多いが、学年が上がるにつれて論文形式は多くなる。日本語指導からいかに教科指導なり学習思考言語の習熟にもっていくかは、高等学校以上の学力養成の重要な課題になる。

F定時制高校の日本語指導はそれだけに手厚い。取り出しは通常、一年次は国語総合の時間を、二年次は国語総合プラス世界史を、三年次は現代文、日本史、地学基礎の時間を使用する。四年次は日本語指導はない。これは、四年次までには力がついて必要なしというのではなく、専門教科の学習時間確保と卒業年次にはそれなりの力がついているとの建前にもよる。しかし現実はそう甘くなく、特に非漢字圏の生徒には、日本語は想像以上に難しい言語である。機械的に四年次の日本語指導をなくすのではなく、日本語力を正確に判定し、本人の希望や進学の意思も参考に継続できるようにしてはどうか。

その点で見逃せないのは、同校が学年別に外国につながる生徒数、日本語支援が必要な生徒の割合を調べたところ、学年が増すにつれて支援を必要とする生徒は少なくなってはいるが、それでも上級生に日本語指導を必要とする者はいた。学年が高くなるにつれて、支援を必要とする数が減ることは、指導の成果をも示している。高校における日本語指導の必要性とその効果を示す貴重な資料である（表6−6、%は、各学年総数に占める割合）。

授業内の取り出し指導は、教育課程のなかに含まれるので、外部の講師によって行われても、元教員か教員免許をもつ人に限られる。同校の日本語力の目標は、日本語能力試験二級相当であり、

表6－6　外国につながる日本語指導を必要とする学年別生徒数の変化

	1年次	2年次	3年次	4年次
外国につながる生徒	13	11	8	2
日本語支援の必要な生徒	13	8	5	2
日本語支援の必要な生徒の割合	30%	16%	10%	7%

出典：2014年、人権教育研究指定校資料をもとに筆者が作成

時間内指導だけでは不十分なので、授業開始前や放課後指導も行われる。これは教育課程外の指導なので、大学院生や卒業生、さらに退職教員による日本語補習である。なかなか充実した指導といえる。

卒業後の進路

近年の景気低迷のなかで卒業後の進路はどうか。大きくは大学や専門学校への進学と就職にわかれる。毎年四〇人前後の卒業生中、一〇人前後が大学や専門学校に進学し、残りが家事を含む就職である。ただ近年は、日々何をしてよいかわからない生徒も少なくない。学びの意義や資格を取得し働く意味に関する基礎教育が必要になる。

痛ましいのは、せっかく大学に合格しながらこのところの不況で入学金や授業料を払えず、進学を断念する者が少なからずいることである。合格すれば、入学手続きにどうしても一〇〇万円単位の入学金が必要になる。これが払えないのである。

全日制と比べて定時制には、たしかに生活の苦しい生徒が多い。生活が苦しいために義務教育時点でも家庭の支援が受けられず定時制を選択し、卒業後も進学を諦めざるを得ないとなると、この負のスパイラルをどうす

れば断ち切ることができるのか、これは定時制高校が共通に抱える格差にかかわる大きな課題である。家庭がもつ文化資本格差を、定時制ほどリアルに示す教育機関はない。

近年の就職には、在学時代からのアルバイトの延長のような非正規労働が多い。学校はできるだけ正規労働につくように指導しているが、これだけは雇用がなければどうしようもない。非正規でも、自宅から通える者ならなんとか食べていけるが、自立するまでにはなれない。しかし卒業までこぎつけた者は、まだよい方である。同校も最大の悩みは、中途退学者が多いことである。

中退者には、日本人のみならず外国につながる生徒も含まれる。外国につながる中途退学者には、明らかに日本語が不自由なため学業についていけず、熱意を喪失する者が含まれる。表6－5の二〇一三年度の外国につながる生徒数には、一部にあえて年度末ではなく七月一日のものを載せた。年度末の外国につながる生徒数は、表6－4の通りなので、その間四名が留年なり中退したことになる。外国につながる生徒にも、留年や中退は多いのだ。

高学歴社会日本で、今後高卒の資格もなく自立していくのは日本人、外国人を問わず大変だが、日本語指導に力を入れている同校ですら外国につながる生徒に日本語力が原因で中途退学者がでるとなると、高校入学までの日本語指導の在り方や高校の日本語指導にも関わる問題である。

また外国につながる生徒の就職には、日本人にないハードルがある。かれらの多くの在留資格は、家族滞在である。アルバイトは一週間二八時間以内であれば可能だが、就職は、家族滞在では認められない（宮島 2014, 175, 213）。なかには、就職が決まった段階で本人の在留資格変更が可能なこともあるが、ごくわずかである。そもそも高校卒業時点で、在留資格二七種類の一つにでも相当する能力の持ち主はほとんどいない。父親の経営しているお店を手伝っても、技能にはならない。

職業安定法第二章「職業安定機関の行う職業紹介及び職業指導」第四節は、「学生若しくは生徒又は学校卒業者の職業紹介等」を定め、第二十六条は次のようにいう。「公共職業安定所は、学校教育法（昭和二十二年法律第二十六号）第一条に規定する学校（以下「学校」という）の学生若しくは生徒又は学校を卒業した者（政令で定める者を除く。以下「学生生徒等」という）の職業紹介については、学校と協力して、学生生徒等に対し、雇用情報、職業に関する調査研究の成果等を提供し、職業指導を行い、及び公共職業安定所間の連絡により、学生生徒等に対して紹介することが適当と認められるできる限り多くの求人を開拓し、各学生生徒等の能力に適合した職業にあっせんするよう努めなければならない」。

いうまでもなく本規定は、学校が学生や生徒の求職活動を支援するよう求めたものである。本校の在籍者は生徒である。生徒には、学校の支援を得て求職活動をする権利をもつ。しかし外国人生徒のなかでも家族滞在による在留資格者には、この活動が認められていない。帰化すればよいとの見方もあるが、むしろ問題は、夜間中学や定時制高校卒業生には、年配の者が多く含まれることである。となると、親から独立し働きたい者は多い。国際結婚に関する変容する家族の所でもみるが、この辺にも子どもをどこまでも親の付属物にみる日本的子ども観がうかがえる。

表6−7をみていただきたい。調査時点で二〇歳を超えている者は、F定時制高校全生徒中二五

表6－7　F定時制高校の学年別、年齢別動向

	16歳	17	18	19	20	21〜25	26〜29	30〜35	36〜39	40〜49	合計
1学年	48	10	9	3	1						71
2学年		26	7	5	2	3		1		1	45
3学年			24	11	1				1		37
4学年			1	13	5	7	2	1			29
合計	48	36	41	32	9	10	2	2	1	1	182

出典：2010年の資料をもとに筆者が作成

人（一四％）、卒業時に二〇歳を超える者はさらに多くなる。通常、全日制なら一八歳で高校は修了するが、一九歳以上の者も五七人（三一％）いる。三人に一人は、全日制なら高校卒業以上の年齢になる。他の定時制高校にもいえることだろう。

親の貧困をみて、いったん就職し、自分でお金をためて大学進学を目指す生徒もいる。親の就労にも年限がある以上、このような生徒の就職ならびに就活をどう保障するかが、新たな課題である。

多文化のなかの人権教育

多国籍にまたがる学校なので、授業にもさまざま工夫が込められる。公立校なので学習指導要領は守らなければならないが、その上で本校には、独自に設定できる科目制度を生かしたユニークな授業がある。その一つが、人権教育である。多くの国籍や不登校経験者もいるので、いじめや差別には特に気配りしている。本校は、これまでの教育の取り組みや実績が評価され、一一年、一二年度は、東京都教育委員会の人権尊重教育推進校に指定されている。

具体的な活動は大きく三つに分かれ、一つは生徒向け事業、二つは

保護者や地域対象のもの、三つは職員対象のものである。生徒向けのものは、学校設定科目の制度を利用して多文化理解や外国につながる生徒支援に関する授業の取り組みである。学校設定科目とは、本校に限らず学校教育法で認められているもので、高校では学校独自の授業を年間七単位まで設けることができる。

外国につながる生徒が多いことを考慮し、教科に多文化理解を設定し、科目に「市民科」と「多文化理解」を設けている。一年次の「世界と出会う」は、EUなどで注目されているシティズンシップ教育に相当し、三年次以降の選択韓国語や中国語は、日本近隣諸国に通じる生徒が多いことに配慮した母語教育にもなっている。

二つ目の保護者や地域対象のものは、多文化理解の一環として都立学校公開講座「世界と出会おう」であり、地域住民はもとより関心あるすべての人への公開講座である。また保護者支援としては、年二回「多言語保護者会」がもたれ、日本語のわからない保護者向けに、通訳や印刷物へのルビ振りによる対応がある。保護者会お知らせ用紙で参加の意向を尋ね、参加予定者には通訳の有無を問い、必要な人の言語を事前に聞いて当日の対応に備えるほどの念の入れようである。

同校の印刷物は、掲示板も含めて何かとルビ振りのものが多く、かえって生徒の日本語力にはならないと批判されるほどである。読みにくいという感想もある。そのような人には、横書きの場合、「下ルビ」という方法もあり、下にルビをふると漢字部分が先に目にふれ、ルビの必要ない人にも喜ばれるという。そのような方法が話題になるほど、外国に通じる生徒指導には、一歩も二歩も先んじている学校である。

同校勤務の長い教員によると、多言語保護者会が開催されることにより、保護者の参加率が大きく向上したという。学校行事への参加をためらっていた背景に、日本語が理解できないことへの不安も大きいことがわかる。

また同校独自の取り組みとしては、毎週、生徒と保護者の相談会がもたれることである。中退者が多いことを睨み、さまざまなトラブルの早期解決を目指し、民間の団体や専門的知識が必要なケースに関しては、東京司法書士会の協力も得る。相談内容には、学費、生活保護や母子・父子支援に関すること、アルバイトや仕事の悩み、消費者としての被害、将来の進路、在留資格や法律相談、家族間のトラブルなど、外国人に限らず多くの生徒に関する問題である。費用は無料かつ内容も秘匿、専門家のアドバイスも受けられるとあって、問題を抱える生徒や保護者の大きな支えになっている。時間も一八時半前後から二一時半前後と生徒の在校時間に合わせ、かつ相談中の授業は、出席扱いにしている。多文化学校が生徒に配慮する工夫は、多岐に及ぶ。

三つ目は、職員研修会や研究会、視察研修等の取り組みである。今でこそ外国につながる生徒が増えても驚かなくなったが、年配とはいわず三〇～四〇歳代の中堅教員でも大学等で多文化理解に関する教育は、これまでほとんど受けていない。生徒指導は、専門科目に関することばかりではない。定時制高校では、全人格的な接触、教育が求められる。どうしても生徒の文化的な背景を理解していないと、指導にもこと欠くことが多い。研修、研究、先進地域の視察が必要になる。

学校独自の設定科目を利用した多文化理解や市民科、さらに多国籍化を背景に人権教育に力を入れるなど、全日制にはみられない充実した内容である。全日制は、進学校であればある程、大学入試科目に力を入れざるを得ず、現実に高等学校への評価が、難関校への合格率による以上それもやむを得ない。しかしイギリスなどをみていると、サッチャー教育改革で当初の主要教科に指定された科目にも、その後のグローバル化の深化により情報や市民科が加えられ、刻々と変化するＥＵや世界化への対応も進められている。のちにみるが、日本でも近年のグローバル化や「多文化」化に合わせ、全日制にも社会の動きに即した内容の教授が求められる。

定時制にみる未来の学校

定時制高校を未来の高校の先取りと表現したのは、受験技術の教育と一線を画しながら、現実に社会が直面している身近なところから知識を与えようとしている取り組みからである。偏差値という日本社会でしか通用しない基準で競り勝ってその頂点に立っても、世界の大学ランキング「Times Higher Education, World University Rankings 2014–2015」で、東大や京大ですら五〇位や一〇〇位以内がやっとという現実をみれば、そうした次元での競争ではなく、これからの日本なり世界を生きる上で確実に力になる多文化理解や市民科、人権教育などを重視している本校のカリキュラムに、明日の高等学校の在り方をみる想いがする。

その想いは、単に生徒のみに関わるもではなく、教員としての仕事・生活も含めてである。二〇一四年、経済協力開発機構（Organization for Economic Cooperation and Development, ＯＥＣＤ）は、世界三四ヵ国の教員の置かれている環境調査報告、国際教員指導環境調査（ＴＡＬＩＳ：Teaching and Learning International Survey）を公表した。調査内容は、世界の中学校教員の生徒指導や勤務状況に関するものである。日本の教員の一週間当たりの勤務時間は、世界の教員の平均三八・三時間を大きく上回る五三・九時間でトップである。

日本の数値は、一三年二〜三月の中学校及び中高一貫校一九二校の校長と教員約三七〇〇人の回答によるものである。勤務時間で目を引くのは、授業以外の課外活動に使用した時間で、三四ヵ国平均の週二・一時間に対し、日本の教員は、部活動を担当しているため週七・七時間と三倍以上であった。生徒指導に直接関係しない書類の作成や事務作業に費やす時間も週五・五時間で、平均の二・九時間を大きく上回る。

皮肉なことに、教員本来の仕事である授業時間は、調査国の平均が週一九・三時間なのに対し、日本は一七・七時間で平均より少なく、授業計画や準備にあてた時間も平均週七・一時間よりわずかに多い八・七時間であった。こうした授業に関係することに時間を割けないからか、教師冥利にも関係する「生徒に勉強ができると自信をもたせることができる」と答えたのは、参加国平均の八五・八％に対し、日本はわずかに一七・六％にとどまった。「勉強にあまり関心を示さない生徒に動機づけをすることができる」と答えた教員も、平均が七〇％に対し、日本は二一・九％と極端に少ない。

これらの数字から日本の教員が、授業以外のことにあまりに多くの時間を割かされていると結論づけることはたやすい。しかし筆者は、それだけではないと考えている。日本の教員には、学習指導要領の縛りがあまりに強く、教員自らの判断で授業できる自由度が少ないこと、場合によっては、ディベイト力を向上させるために現在問題になっているようなテーマを題材にすることも禁じられていることなど、統制・管理の厳しさにもよるのではないか。これは全日制の高等学校教員にも等しく当てはまる。

定時制高校は、地域にもよるが勤務時間は、一三時から二二時頃までである。大都市は、通勤時間に時間をとられ帰宅に二三時を過ぎる者も多いだろうが、それでも午前中は息がつける。学級生徒も比較的少人数である。全日制に比べると熱意に欠ける子どもは多いかもしれないが、偏差値に振り回されることは少なく、それだけにわかりあえたときの喜びは大きい。学習指導要領の縛りも、全日制と比較すると緩やかである。気がつけば、ひと昔前の教育環境がそこにはある。

土曜日も授業、日曜日は部活の指導と追いまくられ、またたく間に一週間が過ぎる壮烈な生活からは解放される。外国の学校の多くは、勤務時間こそ昼夜の違いはあれ、定時制や夜間中学のようなゆとりある生徒数、業務時間、日常生活が主流である。定時制はこと生徒のみならず、教員の研究・教育・生活環境においても考えさせるものをもつ（今年の日本のノーベル賞受賞者の一人は、社会人としての出発が定時制高校への奉職からだった。この期に大学院に通って充電したことが、今回の賞に結びついた。筆者が、定時制高校の教育なり研究に教育の本来の理想の一面をみるのは、この研究にさくゆとりある日常生活と関係している。校正時の注）。

たしかにあまり誇れない点もある。偏差値に示される学力はおいても、自己肯定感の少ない生徒や家庭に居場所のない子も目につく。連れ子等のなかには、日本人、外国人を問わず決して父とも母とも認めたくない親をもつ生徒もいる。要するに、社会の負の部分を背負う生徒が目につく。しかしこれとて、今後のグローバル家族、格差社会の先取りにもみえる。家族の多様化は、本書全篇を貫くテーマであるが、生徒たちが背負う現実の家族は、未来の一面の真実を映し出す。未来の家族は、これでも家族かと思うほど、多様化、複雑化するに違いない。そうしたなかを生徒は生き抜いている。

問題は生徒自身が、これまでの偏差値一辺倒の教育観、学力観に染められて、定時制高校のもつ利点を理解できていないことである。生徒の生の声を聞いても、全日制との「差別をやめて欲しい」や「定時制はダメと会社にいわれたことがある」「定時制は肩身の狭い思いをしていると思う」等の、全日制を基準にした意見が並ぶ（東京都高等学校教職員組合定時制部 2000, 22）。

しかし、「全日制になじめない人はたくさんいるから、最後のとりでとして残したい」「生徒と教師のバランスが定時制では保たれている。これからも保って欲しい」「定時制という限られた時間で学ぶことは困難であるが、やる気があれば誰でもやっているし、良いメリットが多くあると思う」「全日制と比べて定時制の方がさきに社会のことを学べると思うし、いろいろな出会いがある」（傍点引用者、同 21–22）等、定時制校のメリットへの気づきの意見もある。こうした意見が多くなり、「本当に転学してよかった」「充実した毎日」（同 21-22）と書ける生徒が増えれば、全日制をも変える存在になれる。

すでにその萌芽も感じられ、本校は毎年在校生に授業の仕方や施設、困った場合の相談に関する満足度の意識調査をしてきたが、二〇一四年度は、新しくズバリ「本校に入学してよかったか」を追加した。調査日は、一年次も一〇ヵ月から一一ヵ月過ぎた日であるが、九一％もの生徒がよかったと答えている。四年生でも八七％の者が同じ気持ちである。四年生は、中途退学せずに頑張れた生徒なので、満足感の高い生徒は予測できるが、どの学年も満足率は八〇％を超えていた。果たして一般の大学で同じ調査をしても、これだけの満足度が得られるだろうか。

在校生による高い評価は、日頃の教職員の努力の賜物といえるが、こうした評価が社会の片隅で悲痛な叫びを押し殺して生きている若者に少しでも届き、最後のセーフティ・ネットとして機能し、その動きがひいては全日制の在り方をも変える力になることを望みたい。

第七章　国際化に対応困難な現在の教育システム

大学の性格が変わった——各大学の留学生動向

都内の日本を代表するある大学院の留学生をみてみよう。二〇一三年五月の時点で、全院生一万三九六四人中、外国人院生は修士・博士はもとより研究生や聴講生も含めると二七九五人、全学生中一八・八％、五人に一人弱である。この傾向はしばらく続いており、これからも外国人の占める比率は高くなる傾向にある。出身国で多いのは、中国、韓国、台湾、タイ、ベトナムなどのアジア地域であるが、アメリカ、フランス等欧米諸国も多い。

都内の大きな私大も同様である。以前、日本の大学は日本の学生の教育機関であり、院生の研究機関であった。しかし現在、日本の大学院から外国人留学生を抜き取れば、多くの大学院の活動は停止状態になるだろう。日本の大学の性格が変わったのである。

二〇一四年九月、文部科学省は大学の国際化支援の一環として、トップ型といわれる一三大学と

表7－1　2023年度のスーパーグローバル大学の計画目標（人）

	外国籍教員数		外国人留学生		学部の外国語による授業科目数	
	計画目標	現在	計画目標	現在	計画目標	現在
東北	250	171	3,200	2,048	270	181
筑波	323	95	5,200	3,365	562	409
東京	1,160	491	7,300	3,093	650	238
京都	328	139	5,500	2,210	1,500	205
大阪	510	126	4,395	2,816	325	236
早稲田	222	142	11,599	5,834	2,373	1,011
東京芸術	80	10	588	145	185	0
長岡技術	48	10	895	365	151	0
豊橋技術	20	10	526	226	593	0
立教	128	96	2,170	756	1,120	224
法政	80	54	3,000	669	719	507

出典：2014年12月8日「日本経済新聞」をもとに筆者が作成

牽引型と呼ばれる二四大学の合計三七大学をスーパーグローバル大学に選んだ（表7－1はその大学の一部）。トップ型には、東大、京大の旧七帝大や早慶の一三大学が選ばれ、グローバル化牽引型には、残りの東京六大学や東京外国語大学、東京芸術大学等の二四大学が選ばれた。トップ型には、今後二三年までの一〇年間に毎年四億二〇〇〇万円を、グローバル化牽引型にも同じ期間一億七〇〇〇万円が支給される。

選定の基準になった各大学の現在と一〇年後の改造計画をみて驚く。外国人留学生数、学部の外国語による授業科目数、外国籍教員数等の現在数と目標数が明示してあるが、これが現在の日本の大学であり、未来の大学かと思われる数字が並ぶ。

トップ型で現在、外国語による講義がもっとも多い早稲田大学は、一〇一一講義を倍以上の二三七三講義まで増やす。比較的現在の講義数と将来目標が近い筑波大学も、四〇九講義から五六二に、現在数と将来数で開きがあるのは京都大学で、二〇五講義に過ぎない外国語による講義を一〇年後は、現在の七倍以上の一五〇〇講義に増やす予定という。

留学生の現在数もさることながら一〇年後の目標値もすごい。大学の規模は問わないで現在もっとも留学生が多いのは、早稲田大学の五八三四人である。しかし一〇年後は、一万一五九九人にするという。次に多い筑波大学も三三六五人から五二〇〇人に、東京大学は、三〇九三人を七三〇〇人にまでする計画である。

教授陣はどうか。現在外国籍がもっとも多いのは四九一人の東大だが、一〇年後は一一六〇人に、もっとも開きがあるのは大阪大学で、現在の一二六人から五一〇人にするという。

グローバル化牽引型大学も負けてはいない。現在外国語による授業ゼロの豊橋技術大学でも、一〇年後は五九三授業にする計画だし、外国籍教授一〇人の東京芸術大学も目標数は八〇人、長岡技術大学も一〇人から、五倍弱の四八人が目標である。留学生数七〇〇を切っている法政大学も、三〇〇〇人を目指す。

途中の審査もあり数値の充足率が点検されるから、選抜された大学にしても死にものぐるいの目標になるだろう。要するに大学は、現在ですらそうであるが、将来はもっと変わる。ある著名な大学教授が述べた感慨が頭をよぎる。「教育基本法第一条『教育の目的』にうたう『教育は……国民の育成を期して行われなければならない』は、非現実性がきわまる規範であった。私は『教育基本法』にそむいて教育するほかなかった」(副田 2012, 324)。現在ですらこう思わざるを得ない状況なのだから、将来はもっとであろう。

アメリカやイギリスの大学は、すでに世界の大学になっているが、日本の大学も世界とまではいかないまでもアジアの中心大学になりつつある。もともと大学は、専門的な研究をする場であり、グローバルを前提にする。専門的な知識には国境がない。世界のグローバル化により、大学本来の理念、ラテン語にいうウニベルシタス、すなわち世界や宇宙、普遍に目標が近づきつつある。むしろ、これまでの国民のみに占められていた大学の方が、未来には驚きの眼差しでみられるであろう。そのとき、教育基本法と現実の乖離はもっと開く。

四期制導入の波紋

東京大学が、秋入学の導入を意図したときがあったが、時期尚早として見送られた。しかしその後は、四学期制が代わりにもちだされ、正式に決まった。名を捨て実をとった形である。もともと秋入学は、かなり以前から議論された課題である。

明治初期、欧米先進国に追いつくため日本は、お雇い外国人を破格の給料で招いたが、かれらの渡航に支障がないよう大学は秋入学であった。しかし一九二一年からは、現在の春入学に代わった。もし秋入学が実現すれば、九〇年ぶりの先祖帰りである。それだけに春入学は、大学だけの問題ではなく、就職や各種の資格試験・採用の時期、加えて日本的自然の四期に対する観念とも絡み、頓挫してきた経緯もある。今回もこの壁は突破できなかった。

しかし過去と大きな違いは、学期制に絡めて改革がなされたことである。東大でも四期制の形式は学部により多様な形態が考えられているようだが、運用いかんでは六月から八月末までは短期海外研修も可能な形が採用されており、留学生が来るにも出ていくにも便利であり、海外の教育機関との連携はいっそう深まるだろう。海外の教育機関との連携が深まれば、ここでも英語使用の頻度は格段に増す。英語化への流れは学期の改革でも促進される。

今回、東大が秋入学の問題を提起したのは、このまま九〇年以上続いた春入学に固執すれば、欧米諸国はともかくアジアの近隣諸国との競争にも勝てなくなるとの危機感にある。東大は世界の大学間での競争では、アジアでトップクラスの地位を占めているが、シンガポールや中国の大学にしだいに抜かれつつある。特に中国の台頭は脅威である。中国は学期も秋入学であり、アジアの優秀な留学生を集めつつある。

抗しがたい英語化の波――三度目の正直

これまでみてきた幼児教育の改編、大学四期制への切り替え、のちにみるバカロレア導入の実験等は、世界の公共空間で話される共通言語としての英語への対応が深くかかわっている。日本でも英語教育に対する関心は、明治以来絶えることなく続いてきた。砲艦外交により開国を迫られたとき、欧米列強の技術が日本より数段優れていたことへのトラウマもあって、言語に関する負い目は一貫して存在した。ただ現在の英語への関心は、過去のいかなる時期より現実味を帯びている。

しばしば指摘されるが、日本で最初に英語の普遍性に注目したのは、文部大臣・森有礼であった。森は、開国間もない時期に日本語を英語に切り換えよと述べたため欧米かぶれの代表にみられたが、そうではない。イ・ヨンスクの研究もあるが、森の主張にはポイントが四つある。一つは、英語を経済界での交渉言語として捉えたこと、二つは、書き言葉を漢語、漢文に依拠している日本語の不完全さの指摘、三つは、日本語自体の通用範囲の狭さ、その上での日本語の英語への切り換えである。

現在は、森の予測の多くが現実化しつつある。国際社会での通商言語はもとより、政治家にも英語力が求められており、高度な国家の安全に関する防衛部門は、すでに同盟国との間で英語による意思疎通が一般である。空の交通機関も然りである。管制塔とパイロットのやり取りは、非常時でもない限り英語であり、同一国籍国や国内便でも原則は英語である。高等教育機関でも理系は、口頭発表も論文も英語による。理系は、研究機関内言語も多くは英語であり、一五〇年前の森の指摘はかなり現実化している。

森のあとにも、日本語をより普遍的な言語に置き換える主張は起きた。ただ日本の国際間での地位が向上しているときは、鳴りを潜めた。日清、日露、第一次世界大戦を経て遅ればせながらも大日本帝国が形成されと、むしろ帝国内部に日本語を普及させようとする動きすら強まった。日本語に対する森時代の劣等感は、裏返された日本語に対する優越感となって現れ、膨張続ける日本人にとって、日本語に対する負い目の生まれる余地はなかった。

その後、日本語に絡めて深刻な反省が起きたのは、第二次世界大戦の敗戦によってである。その典型が志賀直哉である。周知のように志賀は、日本語をフランス語に置き換えよと説いた。志賀は将来の日本の行く末を案じ、「日本の国語程、不完全で不便なもの」はなく、「如何に文化の進展が阻害されていたか」は想像絶するといい、この改革なくして「将来の日本が本統の文化国になれる希望はないといっても誇張ではない」（志賀 1999、301）とまで述べた。

「私は六十年前、森有礼が英語を国語に採用しようとしたことを此戦争中度々想起した。若しそれが実現していたら、どうであったろうと考えた。日本の文化が今よりも遥かに進んでいたであろう事は想像できる。そして、恐らく今度のような戦争は起こっていなかったろうと思った」。そこで志賀は、置き換えるとすれば世界で一番よい言語であるフランス語がよいと述べた（同 302、中公新書ラクレ編集部ほか編 2002, 342）。志賀は、晩年もこの一件を思い出し、これは単なる思い付きで述べたのではないという。

志賀の問題提起は、フランス語であったこと、さらに表明があまりにも唐突であったことから、森以上に広がらなかった。フランス語となれば、理解できる層は英語以上に狭まり、かつなぜフランス文化が優秀であり、言語においても綺麗なのか、理由も具体的に語られなかった。

志賀自身は東大文学部英文科出身であるからフランス語に理解はあっても、話せたわけでもないことは本人が認めている。また、志賀の問題提起以後、一九五〇年代になると、もう戦後ではないといわれたように、日本の経済は高度成長の時代を迎え、またしても言語問題は経済成長により、影の薄い領域に追いやられた。

日本語の問題がようやく起きるのは、二〇世紀後半になり、グローバル化の進行とともにである。グローバル化の動きは、かなり前から始まっており、日本語の狭さに対する言説は、すでに長期にわたる。

二〇一四年末の消費税導入をめぐり、国際通貨基金（IMF）やアメリカ、欧州から懸念する動きが出た（東京新聞 二〇一四年一〇月四日）。税をどうするかは、国家の専横事項のはずである。しかしアメリカ等は、日本の増税が消費を曇らせ、世界経済へ悪影響を及ぼすのを恐れた。このようなことは珍しくないにしろ、これは世界の一体化が一段と進行していることを物語る。自国の福祉や生活のことだけを考えていればよい時代は、完全に終わった。日本の英語重視の動きのなかには、明らかに近年のグローバル化による地球規模での一体化が深くかかわっている。

こうした現実を受けて水村美苗は、二〇〇〇年に『日本語が滅びるとき』を上梓し、朝日新聞の記者も英語公用語論を特集化した（船橋 2000、中公新書ラクレ編集部＋鈴木義理編 2002）。水村のいう「日本語が滅びる」とは、日本語そのものというより、日本語を育んできた日本の文化、それを支える魂、言霊である。他の論者も同じであろう。第三期の始まりである。

この第三期には、これまでとかなり異なることがいくつかある。その第一は、英語の言葉としての普遍性、広域性の強調により、日本の研究機関のみならず企業社会でも、国際言語としての英語を使用せずにはコミュニケーションが成り立たない現実の存在である。一期、二期の特徴は、頭（英語の普遍性への思い）のみが先行し、足（現実の必要性）が伴わなかった。現在の特徴は、足が先行し、頭が遅れていることへの焦りである。

第二は、現在の英語化現象には日本語との代置を伴わないことである。一期も二期も、日本語の英語なりフランス語への置き換えが目指された。これは現実にはほとんど不可能である。それゆえに反発も起きた。英語にしろフランス語にしろ切り替えの可能な人は、それなりに教育をつんだ者である。言語の切り替えをめぐり国民が二分される危険がある。しかし、現在の英語化の促進は、日本語という民衆の言語には変更を迫らない。

日本では、古来から日本語が圧倒的なマジョリティ言語として民衆に定着していたので、日本語を公用語と規定する法律はない。しかし、現在の動きは強いていえば、第一公用語は日本語で、第二公用語を英語にするようなものである。第一公用語としての日本語の地位が変わらない限り、第二公用語の普及はたやすいともいえる。

第三は、これまでの英語なりフランス語への切り替えは、一部の者の唱和に過ぎなかった。しかし現在は、政・財・官をあげての唱和である。どんな崇高な理念でも、大衆をつかまえることなくしては成就しがたい。今や英語の必要性は、大衆が認めるところである。地方の宿屋でも観光地でも、世界言語としての英語は、必須化しているのである。

夏の盆踊りの時期、地方のある観光地を訪問したが、歌や踊りを出し終わった後、各部門の上位者に景品を配る段取りになると、司会者の言葉は日本語のあと英語、中国語、ファングルと続いた。ちょっとした観光地は、今や日本人だけのものではなく、アジアや世界に普及しつつある。それに伴い多言語化は、中央、地方を問わずに進行している。

第四は、現在の英語化の動きが、学校教育の英語の授業の在り方と不可避に結びつく形で提起されていることである。英語教育を小学校のもっと低学年から始めることや大学教育を英語で行うことなどである。第一期、第二期ともそういうことはなかった。特に第二期のフランス語化は、学校教育ですらフランス語が必修化されていないだけに、第一期以上の盛り上がりをみせなかったのは当然である。

英語の浸透を学校教育の在り方と絡めて問題提起していることは、今期のきわだつ特徴である。各大学とも、講義のみならず、寮のような私的な生活空間に関しても、日本人と外国人の構成比率やシェアーに神経を尖らすなど、相当の力の入れようである。ひとり暮らしが始まる新入生は、こうしたことも重要な判断材料にして大学を決めている。

二〇一三年の日銀総裁の候補者にもっとも求められたのは、海外諸国と英語で渡り合う交渉力であり、政治家に求められるのも国際舞台で日本を発信する英語力である。政治的演出の舞台装置づくりの官僚の言語は、すでに英語になっている。ここまで広がり深まった英語化への波は、今後どうなるのか。

諸改革が成功するためには、意識以上に物的諸条件が整わなければならないが、現在の日本の英語政策の問題は、世界市場が事実上一つになり、客観的諸条件は熟しているのに、その共同空間で必要とされる共通言語政策なり意識改革が、伴わないことである。物的諸条件は熟しているだけに、求められるのは本物の英語化の進行であり、軌道に乗れば日本の教育界が一新される可能性を秘める。それだけに日本の精神文化を守ろうとする人々にとっては、危機にも映る。

英語による講義――スーパーグローバル大学の出現

スーパーグローバル大学の計画が本格化すれば、これまでの大学は一変する。教授会メンバーや学生はもとより、事務部門や事務機構も含めてである。区内のスーパーグローバルに選ばれた大学は、すでに事務機構や人事から大改革が進行中である。海外の教員や留学生に接するのは事務職員である。どの大学でも従来最も大きい課なり部署は、学生の取得単位や成績を管理する教務なり学務関連である。同大学は、それにも匹敵する部署として国際化推進機構部門を新設した。かなりの職員が、ＴＯＥＦＬなりＴＯＥＩＣの高得点者である。海外の教授や留学生を倍増させるには、従来の組織では対応できない。

本書前半で記述したように、義務教育段階でも、学校の多国籍化を迎え各区教育委員会所属の教育コーディネーターの役割が増大していた。外国につながる子どもや保護者と学校や教員の間に入って日常的に起きる問題解決のためのアドバイスやスムースな授業運営のための仲介・相談である。大学も同じである。留学生が多くなれば、授業内容への質問は担当教員にできても、有効な関連科目や単位の取得、奨学金、生活相談等不安は尽きない。日本の学生も海外派遣先の留学生活や海外のインターンシップ等相談すべきことは多い。

これまで採用されてきたスタッフが、すべて国際化に向けて対応している訳ではない。学生や保護者と送り出しなり受け入れ大学の間に立って、教員ではないが単なる事務的仕事とも言い切れない、専門的領域について突っ込んだ相談のできる教育コーディネーターの役割は、どこでも大きくなっている。G大学の教育研究コーディネーターの応募資格には、TOEIC八〇〇点以上の語学力プラス留学経験があればより望ましいとある。TOEIC八〇〇点以上は、教員にも英語の専門家でもなければそれほどいる訳ではない。海外の協定大学数すら現在より倍増の予定とあれば、常日頃から共通の言語で協定内容をつめていかなければならない。スーパーグローバル大学の存在は、事務機構はもとより職員の質も大きく変えている。そういえば、同大学の教育研究コーディネーターの応募資格には、年齢制限が記されていない。TOEIC八〇〇点以上、留学経験があればなお結構という条件を大学や大学院を出たばかりの者が、そうたやすく充たせる訳でもない。

教授の人選も、あの手この手で始まっている。欧米系の大学のなかには、長期休暇やサバティカルには給与を出さない所が多い。日本やアジアに関心があるか、研究領域が重なれば、サバティカルの際の日本の大学での講義は、旅費や滞在費、講師料が支給されるので渡りに船である。半年のサバティカルであれば、自分の大学の夏休みを活用し、日本の大学の半期分一五週を確保するのはそう難しいことではない。日本の学生にとっても、欧米の大学の先端の講義にふれることができる。

スーパーグローバルに求められる海外の教授や外国語による授業は、常勤講師によるものとは限らない。そこで欧米の無給のサバティカル制度は、日本の大学にとり格好の人材資源になっている。こうした講義形態は、徐々に日本の大学教員の採用人事にも変革を迫りつつある。一〇年ぐらい前までは、日本の大学の教員採用は、修身雇用が多かった。しかしこのところ徐々に、期限付き採用人事が増えている。テニュアトラックを取り入れている所も多い。

スーパーグローバル大学の審査には、教員の流動性促進を目的にテニュアトラックの導入もガバナンス改革の一環として問われた。同大学の一部の学部には、すでにその制度が導入されている。博士号取得者や新規雇用者に、期限付きで給与を与え、能力の審査期間を設けるのである。期限後振るい落とされる者には、地位保全に訴える者も出てこよう。グローバル化による採用人事のアメリカ化の進行である。

ただしこのところの変化は、よいことばかりではない。ここまで英語による講義やその基礎となる会話力が求められるとなると、教員の調達も熾烈になる。英会話教員の採用は、ネイティブならあまり贅沢をいえないことも多い。義務教育段階や小中高の外国語指導助手（ＡＬＴ）に起きていることが、大学で起きても不思議はない。専門領域も同じである。専門的領域での研究業績がしっかりしており、学会でも評価されかつ英語による講義も可能な教員となると、それほどいる訳ではない。

これまで指摘されてきた日本の弱点、すなわち日本の経営や企業、社会、文化の専門家には海外への発信力が弱く、海外研究の専門家には国内の動向に疎く、それでも海外の者が日本社会の問題を知るには後者が頼りとなると思わぬ混乱・誤解も生じるが、これはそう一夜にして解決される訳でもない。これからは、日本の大学院在籍中に海外の大学に留学し、そこで博士号を取得した若手がこのような間隙を埋める役割を担うことになるが、研究歴と教育歴は違うのでそうたやすいことでもない。またこれが進行すると、日本の大学院の空洞化にもなりかねない。一部の途上国に顕著な、自国の大学に奉職するのにアメリカで博士号（Ｐｈ・Ｄ）を取得することが早道なようにである。グローバル化の進行は、農業や野球同様に日本の重要な産業や研究機関をも破壊し二軍化しかねないが、にもかかわらずこの波に遅れを取る訳にはいかないところにこんにちの苦悩がのぞく。

日本にいながら講義も外国語、教授も海外の講師等、激変する昨今の大学に、高校を出たばかりの肝心の学生はついていけるのか。特に英語による講義は、どう受け止められているのだろう。学生の反応はアンビバレントである。帰国生のような英語の達者な者には、ネイティブの授業はともかく、日本人によるものはテキストやレジュメは英語であってもパワーポイントによる説明には、拍子抜けのこともあるようだ。その一方で、ネイティブによる本格的な講義なりゼミは、敬遠する向きも多い。ネイティブの専門領域の質の担保も課題である。

それでも学科によっては、授業の三分の一以上が英語になっている。対象が日本に関することであっても、使用言語が英語のこともある。現在は、大学を卒業するのにいわゆる一般教育に相当する科目履修も課されるため、英語の授業だけで卒業するにはやや無理を伴うが、これも間もなく解決の方向である。学部の専門講義の多くが英語で行われており、一般教育に相当する領域に卒業に必要な単位数の一部を英語化するのはさほど難しくない。日本独自の経営や企業に関する講義も英語で受講することができる。海外出身の学生には喜ばれるが、日本の学生には以前にない戸惑いも生じる。他でもない、英語で説明された専門用語を日本語で考えることになる。英語化しにくい日本固有の企業の論理や人間関係、社会問題もあり、日本語に直して「何だ、そんなことか」と思うことも多くなるだろう。

ここまで授業内容も激変すると、優秀な学生のイメージも一新される。まずは、授業理解の基本となる英語力の有無が、大学が面白いか否かの分かれ目となる。これまでみてきた中学校なり高等学校で、外国につながる子どもに求められる第一の要件は日本語力だったが、グローバル化の進む大学での必要な能力は英語力になる。ゼミも英語でなされつつあるが、そうなると教員が選抜で重視するのも学生の英語力になる。これまでの選考で重視されたやる気や専門的知識の有無、明白な問題意識に代わり、まずは語学力になる。そうなると、このような能力を有しない学生の受け皿、ゼミも準備されなければならない。

日本語指導でいう日常生活言語と学習思考言語の違いが、日本の大学のゼミや講義でも英語に関し大きな問題となる。特にゼミには、課題として論文がつきものである。ネイティブや英語の達者な教員からは、専門領域についての論文を課しても論文の体をなさないため、内容評価の前に英作文の添削になりかねず、自分は語学の添削者（チェッカー）ではないとのぼやきも聞かれる。留学生との日常会話にはこと欠かなくとも、専門論文を書くとなるとそれなりの指導が必要になる。昨今のグローバル化の動きの速さは、こうした基礎教育もままならないうちに、新しい試みがどんどん導入されざるを得ないところにもうかがえる。

ゼミの選択にも異変が起きている。従来、人気のないゼミは、教員との相性はおいても即効性のない基礎理論や古典等を中心にするゼミだったが、これからは、英語力が決め手になりかねない。となると、求められる英語力に達しない学生をケアするゼミも必要になる。そうしたなかで、結構今まで通りの日本語で行われる授業が人気を博すことも多い。その結果、英語でなされるゼミは少人数となり、定員に充たないこともしばしば起きる。そうした少人数の「英会話」さながらのゼミで肝心の専門領域の実力養成が可能なのか、将来の日本企業の命運を握る問題だけに大いに検討されてよい。近年の大学の講義やゼミで繰り広げられる変化は、まさに教育グローバル化による衝撃を地で行くものである。

この衝撃は、教員の論文にも生じる。日本の大学は日本語というハンディはありながらも、それなりに研究水準で高い成果をあげてきた。文系であっても世界に冠たる研究成果は、あげればきりがない。筆者に関心ある社会科学学説史領域でも、スミス、マルクス、エンゲルス、ウェーバー研究等は、本家本元をしのぐ世界に冠たるものではないだろうか。

それぞれの国の言語を精密な日本語訳に置き換えて、国を越えて訳語どうしの相互関連性を保持しつつ、独自の知の体系を作り出してきた。恐らく各国語に翻訳されるならば、世界の専門家のなかでもその水準の高さに驚嘆する者も少なくないのではないか。これほどの高水準を維持してきた各界が、講義やゼミの英語化により、ただ日本語による海外研究というだけでその精密な基礎研究が紀要からしだいに淘汰されるならば、目的と手段の巨大な転倒に思えてならない。

研究成果の英語での発信は、それ自体目的ではなく、広く世に問うための手段である。しかし大学の英語による講義やゼミは、教員の研究成果の一環を問うものとしてしだいに書き言葉も英語が主流になるだろう。英語で書かれたものでなければ、アカデミックな論文に価しないかの動きがでるとしたら、これほどの本末転倒もない。社会科学の専門家なら、ドイツ語やフランス語原本の英訳本に接し、その余りに文法等に躊躇しない奔放な訳に驚いた経験があるのではないか。英訳本がすべてそうだというつもりはないが、日本の翻訳には一定水準が守られてきたし、研究論文においても厳密性が問われてきた。

英語で書くことにより、言葉の精密性が失われるとしたならば、これまで培ってきた日本の研究蓄積の自殺行為でしかない。スーパーグローバル大学の選定が、こうしたことに拍車をかけないことを望む。こととしだいでは、日本のこれまでの科学研究の蓄積を一蹴しかねない。現在でもレフリー付き論文では、英語で書かれた審査の緩さが話題になる。ネイティブ並みの表現力をもつ研究者の層が薄いため、当該分野の専門家による適切な審査が難しいからである。

英語による学術論文の本格的な指導も受けないまま、話し言葉の延長のような英語論文がいくら増えても、日本の研究水準の高さにはならない。英語による論文はもとより、講義、ゼミの実施には質の担保を含め慎重さが求められよう（苅谷 2015, 45）。

大学がかくも多くなると、大学の学歴価値は相対的に低くなる一方である。ひと頃大学ランキングが盛んに話題を集めたが、国内評価はほぼ固まりつつある。代わりに話題を集めているのが、世界の大学ランキングである。スーパーグローバル大学選定の背後にも世界のランクづけがあるが、そもそも国や制度の違いを超えて正確な大学の国際評価など可能なのか。より多くの評価が前提になれば、英語圏の大学が有利に決まっている。英語教育に走る前に、高等教育に関する国としての矜持があってもよいのではないか。

それでも大学の広い意味での英語化は、進行中である。しかもその動きは、中央・地方を問わない。地方では、まさに英語で授業の行われている大学は、近隣から隔絶された空間である。好例は国際教養大学である。同大学があるのは、東京からはほど遠い秋田市のさらに周辺に位置している。入学すると英語で受講するための英語集中プログラムが課され、さらにTOEFL五〇〇点以上をとれないと次の課程に進めない。在学生には一年の海外留学も課されるし、海外の留学生との学内寮生活も課される。

その結果、卒業するまでには英語によるコミュニケーションはもとより、専門論文も書けるまでになるが、その成果は就職に十分に現われている。〇七年度から一一年度まで卒業生の就職先は、三菱マテリアル一六人、三菱電機一〇人、三井住友銀行九人、旭化成八人、明治製菓ファルマ八人といった具合だ（日本経済新聞 二〇一二年一二月一三日）。しかし、肝心の地元に残り、地元の産業振興に貢献する学生は少ない。ただキャンパスが、中央からは遠く離れた地方の、そのまた離れた地域に別空間をなしている。

日本は、敗戦国ではあったが植民地にはならなかったので、高等教育を宗主国の言語ですることは免れた。しかし昨今の状況は、どのように評価すべきか。独立国ゆえに、英語で行われる教育が遅れたのか、それとも新しいグローバル化の必然の流れなのか。恐らく双方の理由が考えられるが、近年進行しているのは、後者の急速な深化である。

企業も英語による会議

大学がここまで英語教育に力を入れるのは、企業が英語を話せる人材を求めているからである。日本経済新聞社と日経HRが共同で、企業で働く二〇歳から五〇歳代の人に新たに取得したい資格を調査したところ、一位TOEICテスト（Aレベル、八六〇点以上）、二位TOEICテスト（Bレベル、七三〇〜八六〇点未満）、三位中小企業診断士、四位日商簿記検定二級、五位社会保険労務士、六位宅地建物取引主任者、七位TOEICテスト（Cレベル、四七〇〜七三〇点未満）、八位ファイナンシャル・プランニング技能検定二級、九位行政書士、一〇位中国語検定の順であった（日本経済新聞 二〇一三年一月八日）。一〇位までに外国語関係が四つも並んでいるのである。このほか二〇位までとなると、TOEFLテストや英検一級もあるから、企業で働く人がいかに英語に関心があるかがわかる。

二〇一〇年、楽天やファーストリテイリング（ユニクロ）は、英語を社内公用語にした。楽天では部署によってＴＯＥＩＣの成績を貼り出し、学習塾まがいの競争が行われることもある。ユニクロもその後、母語の異なる人がいる場合の会議には、英語が公用語とされ、資料なども英語で作ることが義務づけられている。英語が公用語とまではいかないものの、ＴＯＥＩＣの成績を昇進の条件にしている企業は確実に増えつつある。いやが上にも英語には、敏感にならざるを得ないのだ。

そもそも会議の資料や方針等の重要文書を英語で記録するのはなぜか。「はじめに」の所でも述べたが、企業が多国籍化し、海外にも多くの従業員を抱える時代、重要文書が日本語のみでは、日本語の分かる社員にしか営業方針も成果もわからない。将来性も含めて、このまま社員に留まるか、昇進のチャンスはあるのか、社員として気になる情報は多い。どこに住んでいても必要な情報は、会議で議される内容も含め日本人同様入手したい。英語が事実上の世界の共通言語と化している折、従業員すべての母語に変える必要はない。英語で情報を発信すれば、公平に社員に行きわたる。英語は、英語圏の人というより、非英語圏の人にも共通に重要情報を伝えるための必須言語と化している。

もちろん企業における英語化の動きは、よいことばかりではない。英語の不得手な人には、会議への参加が躊躇されるし、話し合いからも遠ざかる傾向がみられるとか、それがひいては企業への愛着心をそこね、同僚との一体感も喪失させていることなどがすでに報告されている。しかし現在の英語化の流れは、これからもそう簡単には止められないだろう。日本企業の世界化が、共通言語としての英語の地位を揺るぎのないものにしている。

今や学童保育でも英語教育をうたう時代である（日本経済新聞二〇一三年二月一九日）。グローバルな人材育成とは、英語のできるビジネス・パーソンの代名詞ですらある。グローバルな人材とは、英語の読み・書きに矮小化できるものではないが、英語が読み・書きできないでは、グローバル人材の基礎要件すら欠いていることはたしかである。大学が九月入学にこだわるのも、結局は、グローバルな人材獲得に関わるからである。

バカロレア導入による教育改革

国際バカロレアコース導入校も増えている。国際バカロレアとは、一九六八年に設立され、スイスのジュネーブに本部をもつインターナショナル・スクール等の卒業生に大学入学資格の授与と国際理解教育を目的としたものである。日本でこの資格をとるには、国際バカロレアの認定校で、バカロレア試験に合格しなければならない。二〇一五年九月時点で日本には二六校が認定されており（文部科学省）、このところ増える傾向にある。

日本で国際バカロレアが一般の公立高校でも注目されるようになったのは、二〇一三年に日本語によるディプロマ・プログラム（Diploma Program、ＤＰと略）が認められたことによる。日本政府と国際バカロレア機構との間で、従来までの使用言語である英語、フランス語、スペイン語に加えて日本語が認められたのである。中等教育にもバカロレア（Middle Year Program）はあるが、試験は課されていないのでここでは高校のバカロレア（DP）の例をみる。

バカロレアの領域は、文学（第一言語）、語学（第二言語）、個人と社会（歴史、地理、経済、心理学等）、実験科学（生物、化学、物理等）、数学（数学、コンピューター・サイエンス等）、選択科目（美術、音楽、演劇等）に分かれるが（田口 2007, 4）、このうち文学などの全領域中三分の二、ないしは四分の三までを日本語で実施できるようになったのである。国際バカロレア機構としても、従来、欧米系の言語のみに限られていたのを、アジアのリーダー国ともいえる日本語にも拡大することにより、バカロレア試験をより世界に広めるメリットがある。

バカロレアは、日本ではこれまで一部のインターナショナル・スクールの生徒のみの関心事であったが、日本語による指導と受験が可能になることにより、日本の高等学校での取得も身近なものとなった。教育再生実行会議は、国際バカロレア認定校を二〇一八年までに二〇〇校に増やすことを目標にしている。

二〇〇校といっても日本の高等学校総数四九八一校（二〇一三年度『学校基本調査報告書』文部科学省）のわずか四％に過ぎないので、一般化にはほど遠い数字である。しかしこれまでみてきたように、日本の学校も外国につながる児童生徒が増え、日本人のなかにすら帰国を含む多様な子どもが増えている。政府が、現在の教育改革に連動する方法に関心を示すのは、せっかく世界的な思考圏で教養を修めつつある生徒に、同じ知識を課し、同じ視圏に狭めるには、あまりに得るもの少ないことを危惧してであろう。

折しも二〇二〇年度から大学入試を変える中央教育審議会の答申が出た。二〇年といえば、現在（一五年四月）中学一年次の生徒が高校三年次の受験からになる。変更の内容は、知識・記憶重視型から思考・判断応用型に変えること、そのためには記憶力テストのような試験方式から論述を増やし、思索力重視に変えることである。この方法は、現在一部の中等教育学校で導入されつつあるバカロレア試験と重なるものが多い。となれば改革を睨みつつバカロレアを拡大するには、さらに次のことが課題になる。

一つは、現在の日本の教科目ならびにその学習指導要領とバカロレア試験領域との読み換えならびに関係の見直しである。具体的には、バカロレアを選択した生徒の領域が日本の教科の何に相当し、免除可能な科目は何かを系統的に示すことである。このままでは、バカロレア資格を取得する生徒がセンター試験を受けるには、双方の力が試されることになり負担が多すぎる。

日本は、小中高の教育課程の編成が細かく定められている。小中学校は、義務教育なので学校教育法施行規則第五〇条、第七二条でそれぞれ規定され、高等学校も第八三条で別表第三に掲げる通りとして規定されている。高等学校の専門教育に関する科目はたしかに複雑であるが、バカロレアを申請するのは普通教育である。文部科学省が本気で増やそうとするならば、普通教育の各科目の読み替えに関する雛型を例示するだけでも、個々の学校にとっては申請しやすくなる。現在は、各校が個別に行っており、特に受験の多い歴史・経済と生物・物理・化学の二領域については、科目の読み替えを学校独自の設定科目も総動員して思案中である。申請校の奮戦をみていると、これといった指針はなく、文部科学省の志願校へのまる投げの印象をぬぐいえない（文部科学省は、二〇一五年九月になり申請しやすくするためバカロレアに対する手引書を公表した）。

二つは、一との関連で大学受験にバカロレアを積極的に導入すること。日本の場合、高校までの教育の在り方は、すべて大学受験の動向と不可避に結びついている。せっかくバカロレアを選択しても大学受験に生かせなければ、日本の高校教育に浸透させることはできない。インターナショナル・スクールで、これまで通り続けられるに過ぎない。東大や京大等の国立大学も、いろいろ賛否あるなかで二〇一六年度入試から推薦を実施することになった。またスーパーグローバル大学の選考にも、バカロレアの活用を評価の対象にすることが謳われた（平成二六年度スーパーグローバル大学等事業公募要領 2014, 6）。これらは、バカロレア制度導入校には朗報である。バカロレア制度採用校を選択した者にも、推薦を使って東大受験の機会が与えられる。推薦枠にもセンター試験が課されるか否か、課したときどこまで参考にされるかが気になる。

三つは、バカロレア教育を盛んにするには、経験を積んだ教員の養成・採用が重要である。バカロレアでは、教員の力も現在の学習指導要領に基づく指導や教育内容の教授力とはかなり異なる力である。重視されるのは、子どもの思考能力を刺激し、引きだすことである。たとえば、明治維新を教えるにしても、年代や主役の名前をあげることではなく、日本の維新と他国の革命や近代化の違い、その差を生み出した原因、その差がそれ以降の国家形成や近代化に与えた影響等、一つの出来事は連綿と国内外の他の動きにつながる。

一方これまでの教育で重視されるのは、既存の概念や知識を知っているか否かである。教員養成の目標も、既存の知識を教授する役割の方である。バカロレア教育に求められる教員とこれまでの教員養成とでは、目標がかなり異なる。早急に専門的な訓練を受けた専任教員の養成が求められる。

四つは、結局問題は、バカロレア教育と日本のこれまでの教育理念との乖離を埋めることである。バカロレア導入校は、現在の制度のもとでは各教科の学習指導要領を守りつつ、批判的能力を吟味し、英語のブラッシュアップをはかることになる。しかし現実には、学習指導要領に示される日本型教育理念と批判的能力の開花に求められるバカロレアの教育理念には、かなりの距離がある。

別言すれば、バカロレア教育の基本は全人的教育にあり、既存の知識を暗記するものではない。重視されるのは、人間がさまざまな状況のなかで論理的かつ科学的に思考し、行動する力である。教育思想や理念としては、総合的な学習に近い。日本で総合的学習は、結果をみる前に暗記型知識が不十分として失敗の烙印を押された過去がある。バカロレア教育が浸透する頃、また従来の知識観から、導入の意欲がそがれないとも限らない。

問われる高等教育への進学システム

現在の日本が重視している知識暗唱型教育とは、理念をかなり異にするにもかかわらず、文部科学省がバカロレア教育に関心をもつのは、これまでの教育ではグローバル化に対応できないとみるからに他ならない。ならば双方の教育理念の違いを整理し、バカロレアが日本のこれまでの教育のどの部分を補うものか、はっきりさせた上で導入をはかるべきと思われる。少なくとも、バカロレアの教育理念と日本の学校教育の指針である学習指導要領の精神とは、もう少し近づける必要がある。

このうちバカロレア教員採用に関しては、特別免許状制度がある。文部科学省などは、この制度を活用してバカロレア教育に蓄積ある教員の採用を各都道府県教育委員会に勧めている。しかし現在までのところ、この制度による採用は微々たるものに過ぎない。バカロレアの導入を実験的なものに終わらせず本格化するつもりなら、見直しは教育職員免許法の在り方にまで及ぶ。

ただ現在進行しつつある中高一貫教育（中等教育学校）は、バカロレア資格の導入を促進する可能性をもつ。従来までの制度では、中学校と高等学校は分断され、間に高校受験が入る。中高一貫教育だと六年間で中等教育を考えることができ、第五学年（高校二年生）、第六学年（高校三年生）をディプロマ・プログラム（DP）に振り向けることができる。中高一貫教育は、多感な青年期を科目ごとの能力に応じて分割してきた日本型後期中等教育再編のチャンスである。

バカロレア認定校が増えるなら、日本の入試制度を変える可能性をもつ。世界的にみると上級学校への進学システムには、二類型ある。一つは、日本のような課程修了型である。大学に進学するには高等学校を、高等学校へは中学校の各課程を修了することが前提になる。もちろん、課程修了によらない生徒のために、それぞれ中学校卒業程度認定試験、高等学校卒業程度認定試験がある。

しかしこれは一般的でなく、各課程を修了する以上にハードルが高い。特に、外国につながる日本語の不自由な児童生徒には難しい。多くの児童生徒は、各課程を修了することで上級試験への資格を満たしている。それだけに日本では、子どもの進路を保障するためにも、各学校がきちんと受け止める必要がある。

もう一つの上級学校への進学は、資格取得型と呼ばれるものである。フランスのバカロレア（高校修了資格試験、宮島、2014, 33）、ドイツのアビトゥア、イギリスのGCSE（General Certificate of Secondary Education）といわれる中等教育修了資格やGCE（General Certificate of Education）と呼ばれる一般教育修了資格Aレベルなどがそうである。

これまで課程修了型を前提にしてきた日本では、それだけにバカロレアの浸透いかんでは、学校教育法第一条の見直しが要求される。一般にいう一条校の再規定である。一条校の中身には、日本語による、かつ学習指導要領に基づく学校が想定されている。想定といったのは、一条校を定めているのは学校教育法であるが、そこに日本語による授業の定めはない。しかし、朝鮮中高級学校等の民族学校が一条校から除外される理由には、しばしば民族語による独自のカリキュラムがあげられるので、日本語と学習指導要領に基づく授業は、一条校の認定に欠かせぬ条件であろう。

となると、新しいバカロレア試験に日本語による受験が認められているとはいえ、英語による教育は不可避である。これまでの外国語教育以上に、英語の占める比重は大きくなり、説明言語（教授言語）を日本語に限定することができなくなる。バカロレア教育を導入している学校では、英語以外の他科目の授業も英語に浸す訓練の一環としてイマージョン教育を実践している所がある。イマージョン教育とは、母語を損ねることなく第二言語に慣らすため、他教科も第二言語で教育すること、そうした環境に身を置く教育をさす。

これまでもこうした方法を採用する際は、教育課程特例校制度に申請する必要があった。しかしバカロレアの導入は、教育課程特例校制度でおさまりきれるものでもない。むしろ根本からの組み替えが必要である。小手先だけの改革では、すまされなくなる。説明言語（教授言語）を整備する過程で、インターナショナル・スクールや民族学校を一条校に準じる扱いにする機会ともなる。英語で授業が行われたり、英語で受験が可能になり、さらに資格が重要となると学習指導要領にしたがうか否かは、副次的な問題となる。重要なのは、高等教育への受験資格が得られるか否かである。

あえてバカロレアの意義を述べたのは、このところ内向きな日本の教育を刷新する可能性をそこにみているからである。しかし文部科学省の取り組みをみていると、どこまで導入に本気か、今一つみえてこない。大学にスーパーグローバル大学があるように、高等学校にもスーパーグローバル・ハイスクール（SGH）の選定がある。狙いは、世界のグローバル化に対応できる人材育成を高校段階から取り入れることである。

重視される教育内容には、社会問題への対応能力の開発、コミュニケーション力の涵養、問題解決力の養成、グローバルリーダーの育成など、バカロレア教育が目指す方向と重なるものが多い。対象校が高等学校及び中等教育学校というのも共通する。しかし、スーパーグローバル・ハイスクールを管轄するのは、文部科学省内でも初等中等教育局国際教育課であり、バカロレアを管轄する大臣官房国際課と異なる。スーパーグローバル・ハイスクールは、一件当たり年間一六〇〇万円を上限に期限は五年間、二〇一四年度には、全国五六校が選定された。他方、バカロレアの導入は、これからの日本の教育に大きなインパクトを与える可能性をもつにもかかわらず、各校個別対応であり、申請準備に多大な時間と労力、出費を要しても何の支援もない。

バカロレアとスーパーグローバル・ハイスクールは、性格・役割が異なり、文部科学省内の力学も関係するのかもしれないが、外部からみているとちぐはぐな印象が否めない。これほど重なる教育目標を掲げるのであれば、二つの課が協力してバカロレア協力校にも予算措置を行い、グローバルな人材育成の音頭を取ってはどうか。

このところかくも学習指導要領とのズレも覚悟で、バカロレアに代表される英語教育に熱心なのは、グローバル化の動きが深化しているとはいえ、経済協力開発機構（ＯＥＣＤ）等の国際学力テストで、義務教育段階の児童生徒の学力があれほど世界有数のトップを走りながら、大学のグレイド化で世界一〇〇校に入るのが、東大と京大のみという日本の高等教育の置かれている現実が大きい。もちろん、大学ランキングは、学生の学力ではない。教員による比較や研究論文の引用頻度、教員と学生比率など教育環境を指標に算出される。教員は、多くが日本の学校で教育された者からなる。義務教育段階と大学のギャップは、無視できないのだ。

挑戦される学校儀式

これまでの教育制度、教育課程の変化には、一つの流れがある。それはグローバル化による共通言語としての英語化への備えである。世界の共通言語としての英語化の流れが強まれば、教育界でも人の移動が盛んになり、学校、大学等、教育機関の多文化、多民族化もますます進む。たとえば、バカロレア資格の導入により、専門的な教員を特別免許状により採用するとなれば、正規の外国人教員も増え、従来の日本人を主とした教員組織は大きく変わる。

中身が変われば、制度も変わらざるを得ない。学校スタッフのなかで外国人の特別免許状教員や外国語指導助手（ＡＬＴ）の層が厚くなれば、しだいに学校儀式に参加する機会も増えるだろう。これまで指導してきた生徒の晴れ姿をみたいと思うのも、自然の感情であり、生徒との交流が深まれば生徒から参加を乞われ卒業写真を、ともなるだろう。このような場合、参加には日本の慣行に従うことが条件になるのか。それともこうした自然な会話や交流にはならない程度に留めるべきなのか。もしそうなら、ネイティブによる自然な発音なり会話の習得というのは、初めから限界を設けているようなものである。

それ以上に、学校に異文化の人が増え、児童生徒にもその傾向が強まるとなると、いつまで従来の儀式は強制できるのか。すでに海外の一部から日本の教育は、一方でグローバル化への対応として英語による教育を取り入れながら、他方では伝統色をいっそう強め、愛国教育により教育界が分断されつつあるとも指摘されている。

ここでは二つの例をとる。一つは、学校儀式の強制（儀式そのものよりその強制）についてであり、他は教科名称に関するものである。

これまでもみたように学校現場は、こんにち大きく様変わりしつつある。その現実を踏まえ、文部科学省はこのところ現行法では精一杯の多文化施策として、重要な三つの文書を都道府県教育委員会に示している。二〇〇八年の『外国人児童生徒教育の充実方策について』、一一年の『外国人児童生徒受入れの手引き』、一四年の「日本語指導が必要な児童生徒を対象とした指導の在り方に関する検討会議」による日本語指導を特別な教育課程に位置づける学校教育法施行規則の改正である。

これらの重要な施策のうち、最後のものは日本語指導に限定したものであるが、他の二つは、多文化への対応に関し、学校の校務分掌の在り方から、学級の子どもの異文化への対応・配慮にいたるまで、重要な施策が並んでいる。前にも指摘したことだが（佐久間 2014）、その施策の一つひとつを実践したならば、今でも学校教育の内容を一変させるだけの提言に満ちている。一言でいうならば、これほど各教育委員会ひいては学校に多文化への配慮を求めながら、他方で現在行われている学校儀式の強制的なやり方や特定の教科名による教育は、どう説明されるのか。

中学校や高等学校で行われている英語教育、小学校下級生まで下げられつつある英語指導は、単に言葉の習得だけにとどまらない。言葉は言霊であり、精神である。明治期、国語学の確立に腐心していた上田万年は、「日本語は日本人の精神的血液」（上田 2011, 17）であるとまで述べた。英語によるディベイトは、自分の意見を直裁に述べる精神の習得でもある。神だけを例外に被造物すべてを対等・平等にみなす個的人格の尊重、意見表明の世界に身をさらす訓練でもある。ここまで言霊としての英語教育を徹底させながら、身につけるのは言葉だけにせよといわんばかりの現在の教育方針は、ちぐはぐな感を免れない。

筆者は他日、国内にある公立のバカロレア認定校の中高の授業を見学したことがある。高校の実験科学の外国人教員と生徒の対話は、日本の普通校の教員と生徒の関係にはみられないものである。当然のことながら教員の詰問にも you で応酬し、教員と生徒は対等な関係である。服装もまったく自由、初夏の香りのする頃だっただけに女子生徒にはショートパンツも多い。授業が始まる直前までガムを噛んでいる者もいる。授業や他者へ迷惑がかからない限り、個人の嗜好にまで介入することはしない。顔をみれば日本人が多いけれど、空間内の言動はしばしば訪れるイギリスの学校と変わらない。学校の英語化授業の拡大・浸透は、日本人の精神的血液を変え生徒の態度をも欧米化する。教員と生徒、先輩と後輩の微妙な上下関係や敬語の使い分けで成り立つ日本の社会関係を大きく変える。英語を堪能にさせ、欧米的な日常環境に身を置く生徒に、儀式だけを例外にするような日本的やり方が通用するとでも思っているのだろうか。

戦後初めて儀式に日の丸・君が代の掲揚、斉唱を求めたのは、一九五〇年一〇月一七日天野貞祐文部大臣の談話並びにそれに基づく大臣官房総務課長名通達による。学校儀式におけるこんにちまで続く国旗掲揚、国歌斉唱問題の始まりは、ここに端を発する。この背景には、四九年にＧＨＱ

（連合国最高司令官総司令部）が日の丸に関し日本の問題としたことが大きい。アメリカは、「日本領域内において、日本国旗を無制限に掲揚し使用する許可」（佐藤秀夫編 1995, 379）を与え、儀式にまでは干渉しないとしたのである。日の丸・君が代の学習指導要領への登場は、一九五八年九月である。こんにちにおいても日の丸・君が代の強制が問題になるとき、学習指導要領の遵守が問われるが、すでに半世紀も前にその根拠は整えられていた。

しかし、現場の学校への日の丸・君が代の持ち込みは、多くの抵抗に遭遇した。最大の理由は、国旗・国歌に明文化された規定なり法律が存在しなかったことである。君が代の君をめぐり、戦前のように天皇をさすのか、相手に対する単なる呼称なのか、はては国民なのか、解釈はさまざまだった。君が天皇をさすとなると、戦前に逆戻りするのを避けるため、状況に応じて相手の呼称なり国民そのものをさすと都合よく解釈もされた。

こうした状況を一掃したのが、二〇世紀も末の一九九九年八月九日に成立した、国旗・国歌法である。学習指導要領に記載しただけでは、各地の紛争を鎮めることができないことに業を煮やした政府は、国旗・国歌を法律で定めることにしたのである。九〇年以降、国旗・国歌に関する記載「国旗を掲揚し、国歌を斉唱させることが望ましい」を、「国旗を掲揚するとともに、国歌を斉唱するよう指導するものとする」（歴史教育者協議会編 1999, 52）と強制力を高めた。同時に君とは、「日本国及び日本国民統合の象徴である天皇」のことだとし、君が代の歌詞も、「日本国憲法の下では、天皇を日本国及び日本国民統合の象徴とするわが国の末永い繁栄と平和を祈念したもの」とした

（田中 2000, 221）。

これほどのことをして、日の丸・君が代に関する紛争を鎮めることはできたか。できてはいない。東京都教育委員会と教職員との闘いが好例である。現在、都教育委員会は、儀式において日の丸・君が代の扱いを詳細に定めている。日の丸は壇上中央に掲げ、生徒は対坐し、君が代は音楽に合わせて斉唱する、などである（「入学式、卒業式等における国旗掲揚及び国歌斉唱の実施について」2003, 10, 23）。このような儀式の画一化は、一九九〇年代の北九州市を皮切りに、二〇〇一年の広島市、二〇〇三年の東京都と強化されている（西原 2006, 203）。

以前の儀式は、各学校の創意工夫で、フロア形式や対面式で行われていた。特に障がい児学校ではそうだった。ところが東京都では、二〇〇三年の一〇・二三通達以降、このような各学校の工夫は認められなくなり、どの学校も日の丸に向かって対坐する形になった。いかなる例外も認めようとはしない一〇・二三通達以降の儀式は、まるで戒厳令下の儀式とまで形容される（「日の丸・君が代」処分編集委員会』2004, 46）。

現在行われているような都教育委員会の薦める儀式では、学校が多文化、多民族化しても、主役である卒業生の記念になるような卒業式を行うことはできない。クラスメイトの出身国の宗教的なシンボルや国旗を飾って、心に残る卒業式を行おうとしてもそれができない。これでは、あまりに主役である児童生徒を無視した卒業式ではないか。

日の丸・君が代は、学習指導要領に定められていることを踏まえてもらうだけというが、指導要領の特別活動でいわれていることは、「入学式や卒業式などにおいては、その意義を踏まえ、国旗を掲揚するとともに、国歌を斉唱するよう指導するものとする」であり、各校が、児童生徒の特色を反映させるやり方までは禁じていない。都の国旗・国歌の取り扱いの詳細が、いかに度を越したものであるかが分かる。

文部科学省は、多文化共生を目指す際の都道府県教育委員会の役割についてふれ、いち早く取り組んでいる例として兵庫県教育委員会の施策を紹介している。いくつか留意すべき方針を確認したところで、真っ先に取り組むべき点として「外国人児童生徒が民族的自覚と誇りを持ち、自己実現を図ることができるように支援する」ことをあげている（『外国人児童生徒受入れの手引き』2011, 47）。入学式や卒業式に当たり、民族的自覚と誇りは、かれら自身の国旗や宗教的かつ文化的なシンボルになる。しかし、現在の都教育委員会の方針のもとでは、文部科学省が勧める「多文化共生を目指す施策の基本的な考え方」に関わる子どもの出身国の国旗や文化的シンボルを掲げることは認められない。

さらに文部科学省は、これからの教育には多文化共生の視点が重要だといい、都道府県教育委員会の役割として、「すべての児童生徒が互いの『違い』を『違い』として認めあい、多様な価値観を受容しながら共に生きようとする意欲や態度を培う多文化共生の心を育む視点が必要です」と述べ、外国人児童生徒の受け入れに関しては、管理職はもとより、「教員自らも多様な価値を受容するという意識をもつことです。都道府県教育委員会は、こうした教員を育成していく視点や考え方を常に意識して施策を展開することがなによりも重要です」（同 48）という。

しかし現実には、「教員自らも多様な価値を受容するという意識をもつことです」といいながら、教員自身も多様な価値の持ち主であることは認められない。学校行事の一大イベントともいえる入学式や卒業式で、教員自らの「違い」を「違い」として認めあうことは許されていない。およそ多文化共生以前の個的人権の尊重にかかわる基本的なことが、認められていない。教員ですらそうであるから、子どもにこの流れに抗することはもっと難しい。

国際化進む教職員

ところが思いもしないところから、こんにちの儀式のあり方が再審されようとしている。それは、これまでみてきた学校の「多文化」化による。これは児童生徒ばかりではない。教員も含めてである。英語化の動きは、これに拍車をかけている。外国人の児童生徒だけならば、日本各地の教育委員会の多くは、かれらに対しても日本的慣行を押しつけるだろう。外国人の受け入れにあたり誓約書を取るなどは、その表れである。しかし、教員のなかにも外国人の教員が増えれば別である。とりわけ欧米系に弱い日本社会は、英語化の動きにより教員の出身地も欧米系外国人が多くなれば、かれら教員にまで日本的慣行を押しつけることは難しくなる。

都教育委員会は、教員個々人の内面的自由なり良心は認めるという。争点は、公務員でありながら職務命令に従わないことだとする。心の自由は認めるが、行動とは分離せよということである。

何やら現在の日本の英語教育に似ている。英語はどんどん習得して欲しいが、精神は真似するなと。しかしこんな詭弁が通じるのは、日本社会だけである。一神教の人々にとっては、心は行為に移されて意味をもつ。宗教や良心・良識は、実行に移されて初めて価値をもつ。

総務省は、二〇〇六年三月、外国人が増大しつつある現実を見据え、同省自治行政局国際室長名で、各都道府県や指定都市の外国人住民施策担当部局長宛に、「地域における多文化共生推進プラン」の策定を通知している。内容は多岐にわたるが、外国人が地域の欠かせぬ構成員になったことを踏まえ、住民に「異文化理解力の向上」を求め、「多文化共生のまちづくりを進めることで、地域住民の異文化理解力の向上や異文化コミュニケーション力に秀でた若い世代の育成を図ることが可能となる」としている。その上で、地域の教育に関しては、「多文化共生の視点に立った国際理解教育の推進」を掲げ、「児童生徒を対象として、多文化共生の視点に立った国際理解教育を推進すること」を提唱している。

各学校に異なる宗教や文化の子どもがいれば、当然、国際理解教育の観点から、各自の価値や文化が尊重され、より添うことが重視される。一方的に日本的価値を強制することは認められない。

新しい天皇は、新嘗祭という特別の儀式により神の霊を受けるが、この儀式を大嘗祭といい、大嘗祭を経た天皇が神になるなどということは（『日の丸・君が代』処分編集委員会』2004, 133–134）キリスト教の信徒や教員には到底受け入れ難い。信念をもって着席したままの大の大人を、副校長が側に行っていちいち「起立して下さい」などと催促するのは日本の子どもからみてもおかしな話だが、外国につながる生徒には、ほとんど理解不可能であろう。

すでに現在の教育界で進行しつつある多文化状況を睨み、児童生徒のもつ異文化に配慮することを求めている文部科学省が、地方の教育委員会に異を唱えないのは、どうしてなのか。文部科学省は、地方自治体が行きすぎた施策を実施していると判断した場合、指導・助言できる。たとえば、「地方教育行政の組織及び運営に関する法律」第五章は、「文部科学大臣及び教育委員会相互間の関係等」を定め、その第四八条は、「地方自治法第二四五条の四第一項の規定によるほか、文部科学省大臣は都道府県又は市町村に対し、都道府県教育委員会は市町村に対し、都道府県又は市町村の教育に関する事務の適正な処理を図るため、必要な指導、助言又は援助を行うことができる」とある。文部科学省が、地方のやり方に行き過ぎがあると判断したなら、指導・助言できる。

ちなみに地方自治法二百四十五条も第十一章で「国と普通地方公共団体との関係及び普通地方公共団体相互間の関係」を定め、次なる指導等が認められている。「イ 助言又は勧告、ロ 資料の提出要求、ハ 是正の要求……」等々とあり、ハ「是正の要求」には、具体的に「普通地方公共団体の事務の処理が法令の規定に違反しているとき又は著しく適性を欠き、かつ、明らかに公益を害しているときに当該普通地方公共団体に対して行われる当該違反の是正又は改善のため必要な措置を講ずべきことの求めであって、当該求めを受けた普通地方公共団体がその違反の是正又は改善のため必要な措置を講じなければならないものをいう」とある。

文部科学省と地方の教育委員会に、このような上下関係がありながら文部科学省が都道府県教育委員会に何の指導・助言もしていないのは、地方の教育委員会の儀式の取り組みにやり過ぎや著しく公益を害すものはないとみているのかもしれない。となると日の丸・君が代の強制に関し、同じ立場とみなされてもやむをえまい。

筆者は前著で、日の丸・君が代で起立・斉唱しなかったからといって定年後の再雇用を認めなかったり、過酷な処分にふすのはみせしめ以外の何ものでもないと書いた（佐久間 2014, 187）。これらについて二〇一五年五月、東京地方裁判所と東京高等裁判所の判決が下りた。前者について裁判長は、「個人の思想信条に従った行為を理由に、大きな不利益を科すことには慎重な考慮が必要」とし、都の処分は「裁量権を超えるもので違法」と断じた。また後者についても、不起立を繰り返せば停職の長期化や免職処分にならざるを得ず、「教員に自らの思想や信条を捨てるか、教職員の身分を捨てるか二者択一を迫ることになり、憲法が保障する思想や良心の自由の侵害」（東京新聞 二〇一五年五月二九日）であり、これまた裁量権を逸脱していると厳しく指弾した。

教職員側の敗訴が続いていたので、久しぶりにほっとさせる判決であるが、法律に素人の者にも今回の判決は、すぐれてまっとうではないだろうか。と同時に、憲法一九条があるなかですごく妥当なこの判断を、なぜこれまでみてきた権限の認められている文部科学省が、地方の教育委員会のやり過ぎを指導することができないのか不思議である。

不思議といえば、現政府は、国立大学の儀式にも国旗・国歌斉唱を求めている。税金で維持されている以上、当然との立場である。スーパーグローバル大学の選考には、教職員や学生の多様性が大きな評価の対象になっている。教職員の多様性には、日本人でも外国で「通算一年以上三年未満」ないしは「通算三年以上の教育研究歴」のある学位取得者もカウントされるが、主役はやはり外国人である。学生も外国人留学生の数がたよりである。こうした多様性を勧めておいて、個人の信仰・信念や内面の自由を無視してまで大学で儀式を挙行しようというのだろうか。もし実行されるなら、現場の混乱や反旗を翻す教職員、学生は、小中高の比ではないだろう。

小中高の国旗掲揚・国歌斉唱は、先ほどみたように形式まで指示している訳ではないが、学習指導要領に定めてある。しかし大学には、学習指導要領はなく、国旗掲揚・国歌斉唱に関する規定がない。以前、安倍首相はその根拠を教育基本法に求めたことがある（二〇一五年四月九日、参議院予算委員会）。首相の胸の内には、自ら教育基本法改正時に加えた、新教育基本法前文の「伝統を継承し、新しい文化の創造を目指す教育を推進する」や第二条「教育の目標」五でいう「伝統と文化を尊重し、それらをはぐくんできた我が国と郷土を愛するとともに、他国を尊重し、国際社会の平和と発展に寄与する態度を養うこと」などが念頭にあるのだろう。

しかし国民を二分するような問題に対し、人によってはいろいろ解釈の余地ある言説や抽象的な文言で自説の主張の根拠とするやり方には疑問をもつ。国旗の掲揚や国歌の斉唱のことが念頭にあるのなら、改正の時点で明文化すべきである。かく主張することは、グローバル化の時代、儀式での掲揚や斉唱を止めてしまえというのではない。そうではなくて、一方では多文化、多民族化を強力に推進し、大学等の多価値化、多様化、多宗教化を進めておきながら、教職員はもとより学生にも、一様な日本的儀式を押しつけるやり方に反対しているのである。文部科学省が目下進めているスーパーグローバル大学やスーパーグローバル・ハイスクールの施策がどのようなものか、現内閣のリーダーが、知らないはずがない。このままでは、教育現場は混乱するだけである。

はじめのところでもみたように、一足先に多文化の訪れたイギリスでは、家庭の方針と異なる宗教・文化の保護者に、宗教的な朝礼や集会から子どもを引き抜くことが、権利として認められている。日本は多文化の進む今後、儀式から信念を異にする者や保護者が子どもを引き出そうとしたとき、どう対応するのだろうか。多文化、多民族化がいっそう進行すれば、こうした問題が確実に起きよう。そのとき、外国人児童生徒、学生なら退出や「引き出し」が認められ、日本人なら認められないことも通用しない。良心なり信仰・信念は、国籍や民族に関係なく、個的人権に属する問題なのだから。

「国際人権規約」の「市民的及び政治的権利に関する国際規約」第一八条でも「1　すべての者は、思想、良心及び宗教の自由についての権利を有する。この権利には、自ら選択する宗教又は信念を受入れ又は有する自由並びに、単独で又は他のものと共同して及び公に又は私的に、礼拝、儀式、行事及び教導によってその宗教又は信念を表明する自由を含む。2　何人も、自ら選択する宗教又は信念を受け入れ又は有する自由を侵害する恐れのある強制を受けない」とある。

いな、国際規約をもちだすまでもなく、日本国憲法第二〇条の「信教の自由、政教分離」と呼ばれる所でも、「何人も、宗教上の行為、祝典、儀式または行事に参加することを強制されない」とあり、「宗教上の行為」「起立・斉唱」を強制されないことは明瞭である。

君が代にいう君が、政府見解にいう天皇をさすとすれば、イスラームならずともキリスト教徒のなかにも抵抗感を抱く者は現にいるし、これからも増えるだろう。そうであるならば学校儀式には、いっときも早く、国際規約にも認められているように、起立し、斉唱したくない者は、そのまま着席したままでいいことを添えて行った方がフェアではないか。その方が、主体的な気持ちで儀式に参加できる。争点は、職務命令の違反なのだなどといつまでも強弁するのは止めにして、多文化への配慮から強制を伴う儀式の在り方を日本人も含めて検討し直すべきである。

むしろ強弁するほどの熱意が必要なのは、本稿でもみたこれからの英語教育に際し多額の費用をかけている外国語指導助手（ＡＬＴ）制度は、現行のままでよいのか、学級のことをよく知っている個々の教員と密なる打ち合わせもできない今の形は、どうすれば未来を担う子どもの英語力の育成にもっとも貢献できるのか、外国人児童生徒が増え、二〇一四年度は日本語指導を必要とする児童生徒は過去最高を記録したが、かくも少ない都の日本語学級や地方自治体で取り組み始められている日本語指導を特別の教育課程に位置づける制度は、今後どうするのかの方であろう。

一五年四月下旬、都は三月の卒業式で起立斉唱を拒んだ教員に、また減給の処分を下した。すでに最高裁により、思想・信条の自由に触れる問題であり、過度の処分は法に違反すると指摘されながらである。理由は、過去に不起立状態が続き、一向に改められないからという。この教員の場合、減給一〇分の一というが、不利益は覚悟の上なのだろう。しかし、たとえば外国語指導助手（ＡＬ

T）制度で支払われる税金が、費用対効果が薄い場合、誰が責任を取るのだろうか。あるいは、日本語指導を必要とする子どもが大勢おり、特別の教育課程を組むことが可能なのに見送り、結果として他の自治体との格差を生み、子の不利益を増長しながら、誰がこの見送りの決定に対し責任をとるのだろう。儀式挙行の自由度を最大限奪っておきながら、その遵守度を「天網恢恢疎にして漏らさず」式に取り締まるというのは、監視し、チェックする対象をはき違えているとしか思えない。

今や都内の学校では、入学式も卒業式も小中高を問わず演壇に立つ者は、校長から来賓に至るまで国旗への会釈から始めている。政治家の定例記者会見でも国旗があれば、誰もいない演壇の国旗への会釈から説明・質疑応答が始まる。あたかも国民に、常日頃から国旗への尊崇の念を欠かさぬためのように。こうした背後には、これまでみた教育界で進む英語化が深く関係している。保育園や幼稚園から大学に至るまで、英語教育は盛んである。繰り返しになるが、言葉は言霊であり、民族の精神である。社会科学的にいうならば、言語は社会関係を映し出す鏡である。

英語で他人は上司も校長もすべて自分と同等な「you」で呼ばれるが、それは地位が違っても人間としては対等だからである。この背後には、キリスト教なり一神教の教えが強く反映している。生まれた順位や地位の違いなど、神と人間との差に比べればとるに足らない。神の前で人は平等とは、まさに神の絶対性・卓越性の前では人間どうしの年齢や地位の差など無に等しいことを示している（ジンメル、1994、187‒188）。年齢や地位を重視し、親族関係にあっては生まれた前後関係を伯父（叔父）、伯母（叔母）で区別し、企業においては個人名より地位で呼ぶのは、個としての存在より集団のなかの属性を重んじる社会関係を表わしている。日本的振る舞いや秩序は、このような複雑な属性の地位関係によって維持されている。欧米化によって、このような規範やそれを支える道徳が緩むのを恐れるのであろう。学ぶのは、世界の共通言語としての英語であり精神は学ぶなと。

グローバル化により多くの外国人が増えることで、日本的なものの衰退を恐れるのではない。日本は途上国をあまり重視していない。日本が恐れるのは、アメリカ化であり、アメリカナイゼーションによる日本的なものの衰微である。そうならば、日本語を大事にし、これまでの精密な日本語による高等教育を重視しつつ、必要な人なり領域のみの英語化でよいのだが、みんな同じ主義の日本は、同じに扱われなければ承知しない国民性とも相まって、すべての人に英語を強いている。その反動であろうか国旗への忠誠が、政界や教育界でやたらに目につくようになっている。

あらゆる組織は、栄えた原理で滅びるという。一様性や斉一性は、追いつき追い越せを国是にしてきた日本の美徳と考えられてきた。しかしわずかの異質性をも見逃さない、管理教育は、今や日本の子どもにも抑圧的に感じられている。義務教育段階での不登校児童生徒一二万人が、それを示している。現在の学校にいる外国に通じる児童生徒は、本来子どもは、多様な存在なのだという気づきを、あえて国籍を異にする形で教えてくれている。本来人間とは、国籍の如何にかかわらず子どもも大人も多様な存在なのだ。みんなに祝福されるセレモニーは、一堂に会する人々の自由意思に基づく。

公民でよいか

多国籍化する学校で違和感を禁じえないのは、儀式のあり方だけではない。伝統的な教科名称にも検討の余地がある。その一つは公民である。もともと公民なる語は、奈良時代の公地公民制にもみられ、土地も人も天皇に属するとの観念によるが、ここではそこまでさかのぼらない。現代の公民の源は、一八八〇年代のドイツに倣った地方自治制度としての市制・町村制に発する。町村制第七条に「凡帝国臣民にして公権を有する独立の男子二年以来（一）町村の住民となり（二）其町村の負担を分任し及（三）其町村内に於て地租を納め若くは直接国税年額二円以上を納むる者は其町村公民とす」とある。

公民には、ここでも天皇の臣下にして公権の認められた「民」の意味が込められている。「国民」とすれば、成人式前の人間も、当時なら女性も含まれる。しかしすべての「国民」に、公権としての選挙権が認められていた訳ではない。一定の条件を有する者だけが公民とされ、公民にはたとえば公権としての選挙権が認められた。

この地方自治制度を先導したのは、明治の元勲のなかでも伊藤博文より山縣有朋である。もともと山縣は、長州出身者のなかでも幕藩体制下では地位が低かった。このような下級武士にとり、明治時代ににわかに政治の表舞台に登場した天皇の存在は、かけがえのないものだった。天皇のおかげで倒幕の名目が引き出され、幕府に代わり下級武士たる新興勢力にも民衆を統治する正統性が与えられたからである。

天皇制に依拠することで支配の正当性を引き出す勢力にとり、公民とは同時に皇民をも意味した。当時、地方政治を確立する過程で山縣が、公民権を資産ある一定の納税者に限定したのは、そのような資産家なら国家と運命を共有し、産業の育成にも心を砕き、天皇制護持にも貢献可能とみたからである。公民、皇民には、その語源から天皇制に深く結びつくものが込められている。

その後一九二六年に公民の資格から財産制限等が削除され「帝国臣民たる年齢二十五年以上の男子にして二年以来町村住民たるものは其の町村公民とす」となったが、天皇の臣民は残った。戦後一九四六年九月の改正で第七条からは、「日本国民たる町村住民は本法に従い町村の選挙に参与する権利を有す」となり、臣民も公民も消えた。その後、日本国憲法の公布と地方自治法により、市制・町村制そのものも廃止された。

現在の地方自治法で以前の町村制第七条に相当する箇所を探せば、第二章第十条の住民の意義及び権利義務であり、第十一条住民の選挙権である。それぞれ「市町村の区域内に住所を有する者は、当該市町村及びこれを包括する都道府県の住民とする」（第十条一項）、「日本国民たる普通地方公共団体の住民は、この法律の定めるところにより、その属する普通地方公共団体の選挙に参与する権利を有する」となり、臣民も公民も消えた。

たしかに公民には、もう一つの流れもある。法制及経済に棹さすものである。もともとこの法制及経済は、「立憲制下の権利主体に必須の政治的社会的知識と、独立自尊の態度の育成を目的」（松野 1997, 189）とした。いうならば当時、日清、日露に勝利しアジアの盟主に台頭しつつあった国民への政治に対する関心喚起と国家に対する道徳心の高揚である。しかし法制及経済も、専門教師の不足や修身との齟齬などが原因でやがて公民に吸収されていく。

となると公民教育の背後には、天皇制国家の臣民のなかでも一定の税負担が可能な人間、儒教教育や修身教育とも結び付く理想的人間、社会主義へ対抗できる自由主義的人間の三つが思想的源泉としてひかえていた。現在でも学習指導要領等で公民の言葉を使用する際、「社会の有意な形成者として必要な公民としての資質を養う」とか、「良識ある公民として必要な能力と態度を育てる」(高等学校学習指導要領)、「良識ある公民として必要な政治的教養」などと公序良俗と結び付けられるのは、こうした歴史を踏まえてであろう。

こうした系譜をもつ公民は、多文化、多民族化の進む現在、子どもを国際人として育成する教科名にふさわしいだろうか、あるいは世界性をもちえるか。もし公民教育が、もともと「国民統合のため、社会認識の形成や秩序形成への積極的態度の養成を目標とする教育」(松野 1997, 5) にあるならば、これまでみた現在の学校に在籍する子どもの実態とは著しく異なる。現在の学校教育の課題は、国民だけを統合の目標とするものではない。となると公民は、グローバル化の時代における人間の育成には以下の諸点で不適切である。

一つは、公民は修身科と限りなく近しい関係から生まれている。修身科の使命は、人々を天皇の臣下とし、その上で徳を問うものである。二つは、公民には、皇民としての意味がある。これは特殊日本的観念であり、他国に皇民化政策を強制した時代もある。三つは、公民には当時の社会主義勢力への対抗の意味も込められていた。それだけにすぐれてイデオロギー的でもある。四つは、ナショナリズムの育成も込められていた。こんにちはグローバルの時代であり、ナショナリズムを蘇生させる時代ではない。五は公民には、国民主権と関連して選挙権を有する国民の意味もある。

これを学校教育の学習指導要領の次元でよく示すのは、中学校の学習指導要領の公民である。そこでは公民的分野の目標として、「個人の尊厳と人権の尊重の意義、特に自由・権利と責任・義務の関係を広い視野から正しく認識させ、民主主義に関する理解を深めるとともに、国民主権を担う公民として必要な基礎的教養を培う」とある。公民は、現在も国民なり選挙権と関係することがうたわれている。しかし日本では、外国人には選挙権を認めていない。となると公民教育の目標から外国人は除かれることになる。公民なる用語が、現在、もっとも多文化社会の教科名に適しないのはこれによる。

公民から市民へ

もともと公民なる用語は、終戦直後の一九四五年一〇月に公民教育刷新委員会が結成され(堀尾 1987, 186)、廃止されたいきさつをもつ。四七年の学校教育法により公民は社会科となり、それまでの公民科分野は、政治・社会・経済的分野と呼ばれるようになった。しかし六九年に公民的分野が復活し、七七年、七八年の学習指導要領改訂により、公民的資質の育成が小中高の共通課題に復活し現在に至っている。

戦後の町村制の改正でも、第七条の選挙権の要件から臣民としての公民の用語が消え、新地方自治法にも登場しないにもかかわらず、教科名に公民の名が復活したのはなぜか（米田俊彦お茶の水女子大学教授による指摘）。私見だが考えられるのは二つ、一つは戦後の民主化の揺り戻しである。日本という国は、外圧などにより新しい思想や運動が起きると、数年後伝統的な思想に戻ることがよくある。公民が、皇民に通じるとして戦後廃止されたが、そのことにより日本の伝統が失われるのを危惧するかのごとく、これまでの思想が復活している。二つは、教育基本法第一四条で公民が使用されている影響である。直接には、これの方が重要であろう。政治教育を規定した条文に、「良識ある公民として必要な政治的教養は、教育上尊重されなければならない」とある。

政治的教養を深めるのは、政経なり現代社会の重要な課題である。先の一四条二項では、一条校に定められた学校では、政治教育や政治活動を禁じているが、政治に関心をもち、政治をみる眼を鍛えることと、特定の政党を学校内で支援し、かつ教授することとは異なる。それゆえ、教育基本法の政治教育で使用された公民が、教科にも登場する一因・背景は理解できる。しかし、ここにいう公民とは、市民なり人間と何ら異ならない。英語で紹介するなら、ともにcitizenである。

日本は過去の時代、すでに「公」の文字すら天皇をさしてきた歴史がある。それに民（タミ）を結びつけ教科名に公民を用いるのは、多くの外国人を切り捨てることにもなりかねず、慎重でありたい。〇六年四月から小中一貫教育を導入した品川区では、九年の期限を活用して市民化を新設した。そこでは、「将来にわたり教養豊かで品格のある人間形成を目指し……自らの在り方や生き方を自覚し、……自らの人生観を構築する基礎となる資質と能力を育成する市民科」(『品川区小中一貫教育要領』2005, 196) の創設とあり「公民」は使用されていない。

あえて用語にこだわったのは、近年選挙権が一八歳に下げられることに関連している。一八歳といえば、日本では高校生が含まれる。高校生のなかには、受験に追われ政治にまで関心を広げられない者も多い。そのかれらが、政治の動向を左右する存在になるとなれば、政治教育が必要になるだろう。イギリスでは、二〇〇〇年から市民権教育という形で、政治教育が必修化されている。その原因になったのは、若者の政治的無関心・投票率の低さ、地域コミュニティへの不参加・離反、子どもの社会性・道徳性の揺らぎ・欠如からである。若者を取り巻くこれらの傾向は、日本にも当てはまる。

しかし日本には、教育基本法第一四条との兼ね合いもあり、政治的教養教育は尊重されつつも、特定政党のための政治教育は禁止されている。政策は、特定政党のポリシーに関係する。政策に対する議論は、政党をめぐってかなり厄介な議論になるだろう。特に教育委員会のなかには、昨今の教員の日の丸・君が代問題とも関連し、ホームルーム等で「思想・良心の自由」や「信教の自由」を議論することを避けている所もある。政治的教養を高める議論と真に向き合えるのか、気になる。

東京都は、二〇〇四年の三・一一通知において、「ホームルーム活動や入学式・卒業式等の予行等において、生徒に不起立を促すなどの不適切な指導を行わないこと」と具体例をあげている。高校生ともなれば、国旗や国歌は、自らの思想・信条の自由などと絡めて、格好の議論の対象になる。

生徒自身が賛成・反対に分かれて議論しようとした場合、たとえば教員が、諸外国の例としてイギリスの保護者に家族の方針と異なる集会から子どもを引き込める権利や国際人権規約の精神などを解説することは、「不適切な指導」にみなされないだろうか。まさに議論が佳境に入るとき、そのような解説が認められないなら、取り上げる意味もない。子どもたちのディベイト力が低いのは、もともと能力がないからか、こうした問題を日本社会はいつも避けるからなのか。

ただそれとも別に、これからますますグローバル化の時代を迎え、学校も多国籍化するとなると、「多文化」化や民族、エスニシティ、人権教育などは重要な授業内容になる。これらを公民で扱うには、前述したようにふさわしくない。まさしく個人の権利と義務を自覚し、地域社会に積極的に参画し、責任をもつ人間として行動する意味・内容としては、市民性教育こそそれにふさわしい。日本も本格的な市民性教育としての市民科が必要ではないだろうか。

近年、取り沙汰されている道徳等の授業も、単なる伝統的な徳目の復活ではなく、現在の国際化との関連でグローバル倫理（global ethic）の問題として、市民科に位置づけて教授する方がはるかに体系性、時代性に富むのではないか。政府は、小中の道徳を一八年度より教科に位置づけ、評価の対象にもする予定だが、すでに一四年度から『私たちの道徳』が副教材として出ている。内容には、いじめ、携帯電話やインターネットに関する情報モラル、公徳心や正義、社会奉仕や愛国心の育成等多岐に及ぶ。

しかしこれらは内容的には、多くが健全な市民の育成に関わる。高等学校には、公民領域に倫理があり、二単位枠が設けられている。小中の科目は当然高校でさらに深める必要がある。やがては高等学校でも、倫理と独立させて道徳を教科化するつもりなのだろうか。高等学校倫理の学習指導要領上の目標には、「人間尊重の精神と生命に対する畏敬の念に基づいて、青年期における自己形成と人間としての在り方生き方について理解と思索を深めさせるとともに、人格の形成に努める実践的意欲を高め、他者と共に生きる主体としての自己の確立を促し……」と、格調高い狙いがうたわれている。

いかにいじめへの対応とはいえ、わざわざ道徳などといわなくても、生命に対する畏敬の念も含め、倫理に含まれており、加えてこれからのグローバル化の時代を生き抜く力となると、市民性を高める内容にふさわしい徳目ばかりである。

もともと道徳の時間は、半世紀も前から設けられていた。日本の学校が多国籍化しつつあるこんにち、それを教科化することで危ういのは、道徳が愛国心と絡めて教育され、評価されかねないことである。日本の伝統的な徳目と関連して教わるより、公民を市民に切り換え、こんにちの学校の実情に基づき、広く外国に通じる児童生徒をも含む市民性なり市民性教育として問う方が、多文化共生が課題とされる現在、はるかに国際人としての意義をも有すると思われる。

本書編集段階の二〇一五年八月、文部科学省は二〇二〇年度から小中高の新しい学習指導要領に際し、「公民」から「公共」に変える方針を公表した（朝日新聞、二〇一五年八月六日）。選挙権が一八歳以上になることを踏まえての措置であるが、近年の学校の多国籍化を思うなら外国人をもグローバルな市民に育てる視点も考慮しつつ議論されてもよいのではないか。

グローバル化に即した教育とは

日本の学校が、これまでみたように多文化、多民族化しつつあるということは、従来の教育の在り方にも変更を迫ることになる。

近代の国民国家形成以降の公教育は、人々を「国民」にするための教育であった。日本をみても、一八九〇年公布の教育勅語による帝国臣民の教育は、封建時代に藩ごとに分断されていた人々を万民一君の下に束ね、「国民」を創出する教育であった。イギリスの歴史家ホブスボウムの『創られた伝統（The Invention of Tradition）』に倣えば、それまでの教育は、「国民の創造」が目指され、事実人々も「創られた国民」として生きてきた。

しかしグローバル化の現在は、国民創造の教育、国民教育が大きく揺らいでいる。その一端は、本書でもみた家族の在り方がこんにち大きく変化していることからも知れる。教育は、保護者なり家族と密接に結びつく。家族は子どもの最初の「社会」であり、自分と異なる他者との出会いの場であり、人として成長するコミュニケート空間である。言葉もしつけ、すなわち社会の規則も、そのために不可欠なものとなる。

この家族が、こんにち大きく変化している。一昔前の家族は、直系家族にしろ核家族にしろ、その形態上の変化が注目された。農村部には直系家族が多く、都市化が進むにつれて核家族なり、ひとり家族が増大するなどである。これは、家族員数の量的変化ともいうべきものである。しかし現在は、家族の質的変化がダイナミックに進行している。

家族の質的変化とは、これまでの同じ国民どうしからなる家族ではなく、国籍も出身地も異なる夫婦なり子どもの存在である。父親が日本人、母親が海外出身者（逆も同様）というのはごく当たり前で、日本に移住している間に離婚し、同じ移住者どうしで再婚すると、両親はもとより子どもどうしでも、言語も国籍も異なるようになる。

日本人どうしの家族であってもグローバル化の時代には、仕事や生活の場が家族の成員でも異なることが頻繁に起きる。夫婦とも日本人の筆者の友人ですら、自分は東京に住み、妻は地方都市で働き、長女は海外の大学に留学し、長男も海外勤務、次女も兄姉と異なる他国で勉学中である。こんにち家族の形態も居場所も、大きく変容しつつある。

日本が、近年になって家族の国際的な取り決めともいえるハーグ条約に加盟せざるを得なかったのも（二〇一四年四月から日本にもハーグ条約が適用）、家族の質の変化が関わっている。二〇一二年の日本の国際結婚件数は二万四〇〇〇弱、離婚も一万六〇〇〇強と高水準にある。日本では、子どもを母親と一体に捉える観念が強く、夫婦離別後は母親のみる単独親権制が強い。

一方、子どもを独立した人格とみる欧米では、離婚後も双方の親が養育に関わるのを子の最善の利益とみる共同親権制が強い。たとえ母親が、夫の暴力を避けるために子どもを連れ帰っても、条約発効後は誘拐罪が適用されるように、従来の日本の母子関係では捉えきれない養育観が前提になる。子の帰属をめぐっても、日本の伝統的な子ども観が揺らいでいる。

家族の変化はこれに留まらない。移民受け入れの先進国では、移民家族の変化を家族サイクルや世代でみる研究も盛んである。家族は常に一定なのではなく、移民コミュニティのなかでも、世代からみても揺れ動いている。日本のように移民受け入れ国ではないと公言している国でも、オールドカマーでは三世、四世が活躍する時代を迎えているし、ニューカマーにも日本生まれの二世が急増中である。

こうした際、マイノリティ統合の可否は、しばしば二世なり三世の教育が鍵を握るといわれる。移民一世は、ある程度言葉もできないことから、種々の困難を覚悟で来ている。しかし二世は、社会化の程度が受け入れ国で強ければ強いほど、親の文化とは離れていく。三世は、生まれながら受け入れ国の人間である。外国人扱いをしているのは、本書の最初で述べたように、日本の国籍法のためである。この二世、三世に社会移動の可能性なり階層上昇のチャンスがあるか否かが、統合の成否を決める。

そうなると、受け入れ国の言語を体系的に教授し、高等教育へのチャンスを広げ、メインストリームでの教育の障害になるようなことは、できるだけ抑制的でなければならない。本書で、儀式や教科名にこだわったのも、こうした観点からである。その上で確認しておきたいのは、社会の構成員や家族がかくも大きく変化しているこんにち、親が求める教育とは、子どもを受け入れ国の「国民」にのみする教育ではないことである。

旧教育基本法の前文は、教育の目標に「個人の尊厳を重んじ、真理と平和を希求する人間の育成を期するとともに、普遍的にしてしかも個性ゆたかな文化の創造をめざす教育を普及徹底しなければならない」とある。注目したいのは、戦後の教育基本法の目標が国民である前に普遍的な人間の育成をあげていたことである。この精神が戦後約六〇年間、日本の教育をリードしてきた。

その後〇六年に教育基本法が改正され、新教育基本法前文にはたしかに日本固有の「伝統の尊重」や「文化の育成」が加えられ、愛国心も強調されるようになった。この背景には、グローバル化の深化に伴う「国民」意識の弛緩や韓国、中国が力をつけてきて、領土問題や経済競争が激化しつつあることと無縁ではないだろう。とはいえこの「個人の尊厳を重んじ、真理と平和を希求する人間の育成」部分は、新法の追加文にも先行し生きている。

もともと、旧教育基本法は、憲法とは異なりアメリカは起草を課さなかったが、教育勅語と異なる精神で戦後の再生を期すために日本が独自に起草した（副田 2012, 78, 115）。そのため旧法前文では、基本法を貫く精神・エートスに国民以上に普遍的な人間の理念なり個性が強調され、たとえば改定前の前文趣旨説明には、国民なる語は入っていない。いち早く国際社会に復帰し、戦後は戦前の反省を踏まえつつ国際社会の一員として、真理と平和を希求する人造りが優先されたのである。

これまでの公教育は、宗教的なイデオロギーを排した世俗化から領域内で共通の人間育成を目指す国民教育へと進展してきたが、グローバル化の時代には、単に国民だけではなくよりグローバルな人間になることが目指されている。日本の学校で現在堰を切ったように英語化が進められているのは、単にビジネス上の要請というより、事実上世界の共通言語と化しつつある英語を修得することにより、国民以外の人々とも広く交流しつつ世界の一員としての自覚と精神を身につけることを目的としている。ハーバーマスと共に考えるなら、国家を超えたより広域の公共空間が実質的に意味をもつのは、公共空間で公的な問題が議される討議民主主義なりそのための共通のコミュニケーション言語があってこそである（ハーバーマス 2004, 187）。

近年の日本の学校の多国籍化を思うと、教育の目的を国民に限定し、学校行事から教科に至るまで国民意識の高揚や国民育成の喚起にこだわるのは、あまりに非現実的と思われる。

この点がはっきりすれば、教育機関で特定の儀式を強制する非も再確認できる。前述したが、文部科学省は、大学にも国旗掲揚・国歌斉唱を強制しようとしている。スーパーグローバル大学選考規定に目を通した者には、にわかに信じ難いことではないか。文部科学省がスーパーグローバル大学を選考するにあたり最も重視したのは、教員、職員、院生、学生の国際化、多国籍化、多様化であった。いわば大学構成員の多様化、すなわち宗教、文化、価値の多様性こそ未来の大学に欠かせぬ要素と文部科学省は謳い上げたのである。

一方で多様性を大いに宣揚しておいて、他方で学年の節々ですべての構成員に国旗と国歌への忠誠を課すというのは、異なる行動規範の者への配慮――たとえば不起立、不唱和の自由―を欠いたままでは文部科学省が勧めようとする基本政策と相容れない。これは、日本がいまだに本格的な「多文化」化の洗礼を経験していないことをも物語る。これまでの日本人どうしの価値の違いのみが念頭にあり、グローバルの時代にもその程度の差異しか念頭になく、これまでの延長上で切り抜けられるとの楽観的な思いがある。

しかし世界には、異文化どうしで「理解」は可能でも「同調」の困難なものは数多くあり、これからの多文化共生には、そのことをはっきり認めた上で、その人々の人権に配慮しつつことを進めるのでなければならない。日の丸・君が代に対する日本の現在の教育界の姿勢は、異文化の人々と本気でいかに共生できるかその試金石にもなっている。

おわりに

社会科学の領域では、ものごとが、当事者の意図通りに進行しないで、副次的結果を引き起こしたり、現象が規則的かつ合理的に起きるとは限らないとき、しばしば「意図せざる結果」という表現がなされる。

現在の日本の焦眉の課題は、文字通り少子高齢化である。高齢化は、それなりに因果関係がはっきりしており、その原因は遠く第二次世界大戦の産めや増やせや戦争直後のベビーブームにまでさかのぼる。少子化の方はやや複雑である。たしかに若者の貧困や保育の事情に負うことも多い。しかしそればかりではあるまい。貧しさのみが原因であれば、親が婚活に精を出すことはない。

若者が結婚に躊躇するのは、コミュニケーション不全はもとより、今の生活にほどほど満足し、それより質が落ちるのを敬遠する向きも多い。生活が安定すると、人は誰しも一度味わった生活の質は落としたくない。結婚して生活の質が落ちるのであれば、よほどの愛情でもなければ、結婚にも踏み切れない。出産も現在の保育システムのもとではさらにリスクが大きい。

過去の豊かさが、こんにちの少子化の遠因になっているとは思いもよらないが、双方決して無関係ではない。豊かになることだけを夢見、がむしゃらに働いていた時代、誰がこのような時代の到来を予想しただろうか。豊かさが招いた意図せざる結果である。

これを例にすると現在は、労働力不足から外国人労働者の受け入れがさかんに説かれている。政府は、慎重で単純労働者は認めず、在留資格を二七種類に限定し、これに該当しないものは技能実習という枠組みを活用しようとしている。しかし現実には、より良き生活の質を求める人々の動きはたくましく、家族を伴いすでにさまざまな形で入国している。その一端は、本文でも保育園から大学までの子育て・教育機関がいかに多国籍化しているかによっても知れる。

こうして日本の学校が多国籍化したとき、現在の制度は果たして多文化に対応可能なように出来ているだろうか。憲法の教育の義務化を定めた二六条も、教育基本法の第一条「教育の目的」に定めた国民の育成も、こんにちのような外国に通じる子どもが多くなることは意図しなかったというはたやすい。ただ憲法は、かなりアメリカの意向も強くそれだけにむしろ人一般の権利も外国人に及ぶのを避けるため日本側が故意に「国民」に限定した面も否定できない。

教育基本法は、その成立に貢献した田中耕太郎、南原繁両巨頭は、キリスト教徒であった。戦後の教育の出発となった憲法、教育基本法は奇しくもキリスト的人権思想なり自然法を下敷きにすることになった。恐らく儒教的、東アジア的思想を濃厚にもつ日本人だけで起草するなら、ここまで双方の底流に人類史的、普遍史的人権思想を漂わせることはできなかったのではないか。それは、一度改変された歴史をもつ教育基本法に、郷土愛や国家的ナショナリズムが加味されたことを思ってもわかる。

多くの権利を「国民」のみに限定したのは、意図せざる結果ではなく、かなり意図的に考えた結果である。しかし、人の移動の結果に関する当時のおもわくははずれた。単に朝鮮半島の人々だけが日本社会に居る（来る）のではなく、その範囲ははるかにグローバルなものとなった。将来、いっそうのグローバル化が進行したとき、現在の制度のもとで多国籍の子どもに教育を行うことはできるだろうか。すべてを意図せざる結果、想定外といっては済まされない。現実との齟齬は、長期滞在外国人はもとより、永住や特別永住も含め、外国人と名がつけば就学義務もない制度に始まり、教科名や儀式の在り方にまで及ぶ。子どもを安心して教育できないようでは、長期滞在者なり家族を伴う移動者には敬遠されるだろう。多文化共生とは、こうした壁を取り払って初めて課題となる。

本書は、すべて書き下ろしである。二〇〇二年に立教大学に移ったのを機会に、国際化の著しい大学周辺の保育園や教育機関の聞き取りを開始した。本書をまとめる過程で、パソコンに収録されたままの当時のデータに目を通すことは、近年の変化を知る上で楽しくもあった。あらためて世界都市東京の多国籍化、「多文化」化の速さに驚く。

本書のような小論を作成する上でも、多くの方にお世話になった。批評的言説が多いので、いちいちお名前を記すことはご迷惑にもなりかねないので控えるが、それでも以下の方々には、感謝の意を表明させていただきたい。

筆者の乏しい保育園に関する知識を補ってくれたのは、貞静学園短期大学の東江幸子、斎藤惠子、小野聡子の各先生と紹介下さった同短期大学の鶴田真紀准教授並びに立教大学文学部北澤毅教授である。幼稚園の実践活動に関しては、豊島区立幼稚園長小林幾子先生にもお世話になった。バカロレア教育に関しご教示いただいたのは、東京学芸大学附属国際中等教育学校の星野あゆみ先生である。紹介者の池田栄一東京学芸大学教授にもお礼を申し述べたい。夜間中学校に関しては、以前から交流ある関本保孝先生と今回は、都内の夜間中学勤務の松下太先生にもいくつか質問させていただいた。

近年のグローバルな大学の動きに関し示唆を与えてくれたのは、立教大学経営学部教授 兼 総括副総長の白石典義氏と同学部の鈴木秀一教授である。白石氏の話を伺い、大学生き残りをかけた熾烈な現実を想うとともに、外国人教授採用のあり様も大学によりさまざまなことを知った。大阪大学大学院人間科学研究科園山大祐准教授には、科研費研究会にお誘いいただき、研究会メンバーの方々から欧州教育の最前線の動きに触れさせていただいている。本書でも、夜間中学の歴史において、関東圏より一歩先んじている畿内の夜間中学の動きを数年ぶりに再確認できたが、これは氏の研究会のお陰である。

出版に際しては、勁草書房に前著『多文化教育の充実に向けて』の姉妹版にと、取り組んでいただいたことは幸いであった。編集者の藤尾やしおさんには、単に研究者だけではなく学校や教育関係者にも参考になる資料をと、いろいろな情報リストを作成していただいた。自分の意見を優先してまとめるだけの筆者には思いもしなかったアイディアであり、その多くの支援に心からお礼を申し述べたい。

二〇一五年一一月

佐久間　孝正

参考文献

Feldman, D and Gidley, B. 2014, *Integration, Disadvantage and Extremism,* University of Oxford (COMPAS).

Heath, A. 2014, *Muslim Integration and Disadvantage,* University of Oxford (COMPAS).

Intercultural cities, Building the future on diversity, *The London Borough of Lewisham,* www.coe.int/intercultural.cities

Meer, N. 2014, *Integration, Extremism and Britain's Muslims,* University of Oxford (COMPAS).

MIPEX III, 2011 *Migrant Integration Policy Index* III, Brussels, Author.

Tower Hamlets, *Council, Race Equality Scheme 2009–2012,* Tower Hamlets.

Tower Hamlets, 2013, *Ethnicity in Tower Hamlets:Analysis of 2011 Census data,* Research Briefing 2013–01.

Tower Hamlets, 2011, *Population-key facts: A demographic profile of the Tower Hamlets Population,* Research Briefing 2011–06.

UK: Culture of Fear in Birmingham Schools.

http://www.gatestoneinstitute.org/4352/islam-birmingham-schools

ハーバーマス／高野昌行訳，2004『他者の受容——多文化社会の政治理論に関する研究』法政大学出版局。

バーンスティン／潮木守一・天野郁夫・藤田英典編訳、1980『教育と社会変動』上・下、東京大学出版会。

バーンスティン／萩原元昭編訳、1985『教育伝達の社会学』明治図書。

「日の丸・君が代」処分編集委員会、2004『日の丸・君が代処分――東京の学校で何が起こっているか』高文研。

ブルデュー、安田尚訳、1994『教師と学生のコミュニケーション』藤原書店。

ブルデュー&パスロン、宮島喬訳、1991『再生産』藤原書店。

中公新書ラクレ編集部＋鈴木義里編、2002『論争・英語が公用語になる日』中公新書ラクレ。

船橋洋一、2000『あえて英語公用語論』文藝春秋。

ハンチントン、鈴木主悦訳、1998『文明の衝突』集英社。

ホブスボウム、前川啓治・梶原景昭他訳、1992『創られた伝統』紀伊国屋書店。

堀尾輝久、1987『天皇制国家と教育』青木書店。

イ・ヨンスク、1996『「国語」という思想』岩波書店。

苅谷剛彦、2015「スーパーグローバル大学のゆくえ――外国人教員「等」の功罪」アスティオンCCCメディアハウス。

川上郁雄、2003「年少者日本語教育における『日本語能力測定』に関する観点と方法」『早稲田大学日本語教育研究』第二号、早稲田大学大学院日本語教育研究科。

国土地理協会編、2014『住民基本台帳人口要覧』Ⅰ・Ⅱ、国土地理協会。

松野修、1997『近代日本の公民教育』名古屋大学出版会。

三上敦史、2005『近代日本の夜間中学』北海道大学図書刊行会。

宮島喬・築樋博子、2007「親の就業形態とライフスタイルが子どもの就学に及ぼす影響」科学研究成果報告書代表宮島喬『外国人児童・生徒の就学問題の家族的背景と就学支援ネットワークの研究』。

宮島喬、2014『外国人の子どもの教育』東京大学出版会。

宮島喬、1999『文化と不平等——社会学的アプローチ』有斐閣。

水村美苗、2008『日本語が亡びるとき——英語の世紀の中で』筑摩書房。

文部科学省、2014『学校基本調査報告書』生涯学習政策局。

大久保利謙編、1972『森有禮全集』第一巻、宣文堂書店。

西原博史、2006『良心の自由と子どもたち』岩波新書。

入管協会、2003, 2008, 2014『在留外国人統計』。

呉圭祥、2009『ドキュメント在日本朝鮮人連盟』岩波書店。

奥田道大・田嶋淳子編、1991『池袋のアジア系外国人』めこん。

大沼謙一、2009「新しいまち・豊洲を子どもたちの『ふるさと』に」『都市問題』第一〇〇巻第四号、東京市政調査会。

小沢有作、1973『在日朝鮮人教育論　歴史篇』亜紀書房。

歴史教育者協議会編、1999『日の丸・君が代』大月書店。

佐久間孝正、2014『多文化教育の充実に向けて——イギリスの経験、これからの日本』勁草書房。

佐久間孝正、2011『外国人の子どもの教育問題——政府内懇談会の提言』勁草書房。

佐藤秀夫編、1995『日本の教育課題』第一巻、東京法令出版。

志賀直哉、1999『志賀直哉全集』第七巻、岩波書店。

品川区教育委員会、2005『品川区小中一貫教育要領』講談社。

新藤宗幸、2013『教育委員会——何が問題か』岩波新書。

ジンメル／居安正訳、1994『社会学』上、白水社。

関口泰、1946『公民教育の話』文壽堂出版部。

副田義也、2012『教育基本法の社会史』有信堂高文社。

田口雅子、2007『国際バカロレア——世界トップ教育への切符』松柏社。

田中伸尚、2000『日の丸・君が代の戦後史』岩波新書。

田代幸代・小林幾子、2013「幼稚園における外国籍幼児の保育現状と課題」第四回多文化共生フォーラム『多文化児童のことばと文化の獲得——幼児期の発達をとらえて』東京学芸大学国際教育センター主催。

角田仁、2015「多様化する生徒と高校における格差・貧困——外国につながる生徒をめぐって」日本教育福祉学会招待報告。

東京都高等学校教職員組合定時制部、2000『定時制高校白書2000——都立定時制高校に学ぶ生徒の声より』。

東京都総務局統計部人口統計課、2012年『平成二三年度学校基本調査報告』。

東京都夜間中学校研究会調査研究部、2013『東京都夜間中学校生徒実態調査』。

豊島区政策経営部企画課、2012『としま政策データブック』。

豊島区政策経営部、2013『としま政策データブック2013』。

上田万年著・安田敏朗校注、2011『国語のため』平凡社。

索　引

サ行

タ行

ナ行

ラ行

資 料

以下に、外国人の児童生徒の教育や暮らしに関して参考となるウェブサイトを紹介する。

文部科学省初等中等教育局国際教育課「かすたねっと」
http://www.casta-net.jp/

文部科学省　CLARINET 「外国人児童生徒受入れの手引き」
http://www.mext.go.jp/a_menu/shotou/clarinet/002/1304668.htm

文部科学省 「外国人児童生徒のための就学ガイドブック」(各国語版)
http://www.mext.go.jp/a_menu/shotou/clarinet/003/1320860.htm

文部科学省　外国人児童生徒のための JSL 対話型アセスメント DLA
http://www.mext.go.jp/a_menu/shotou/clarinet/003/1345413.htm

文部科学省　定住外国人の子どもの教育等に関する政策懇談会
http://www.mext.go.jp/b_menu/shingi/chousa/kokusai/008/

内閣府　定住外国人施策ポータルサイト
http://www8.cao.go.jp/teiju-portal/jpn/index.html

内閣府　定住外国人施策ポータルサイト「リンク」
http://www8.cao.go.jp/teiju-portal/jpn/links/index.html

文化庁『生活者としての外国人」のための日本語教育事業
http://www.bunka.go.jp/seisaku/kokugo_nihongo/

一般財団法人　自治体国際化協会
http://www.clair.or.jp/

(財) 自治体国際化協会　地域国際化協会連絡協議会　多言語生活情報
http://www.clair.or.jp/tagengo/

東京外国語大学留学生日本語センター・情報処理センター「日本語を学ぶ」(e-learning)
http://jplang.tufs.ac.jp/

東京学芸大学国際教育センター資料室
http://crie.u-gakugei.ac.jp/08resourse/

愛知教育大学 外国人児童生徒支援　リソースルーム
http://www.resource-room.aichi-edu.ac.jp/index.html

北海道　多文化共生ポータルサイト
http://www.pref.hokkaido.lg.jp/ss/tsk/tabunka12-11.htm

(公財) 群馬県観光物産国際協会
http://www.gtia.jp/kokusai/japanese/

大泉町多文化共生コミュニティセンター
http://www.oizumi-tabunka.jp/

神奈川県県民局くらし県民部国際課
http://www.pref.kanagawa.jp/div/0215/

神奈川県教育委員会教育局
「外国につながりのある児童生徒につながりのある児童生徒への指導・支援の手引き」
http://www.pref.kanagawa.jp/uploaded/attachment/450214.pdf

あーすぷらざ　神奈川県立地球市民かながわプラザ
http://www.earthplaza.jp/forum/foreign_education/

川崎市「がいこくじんのかたへ (外国人の方へ)
http://www.city.kawasaki.jp/kurashi/category/36-0-0-0-0-0-0-0-0-0.html

浜松 NPO ネットワークセンター　外国ルーツの子どものための教育支援情報倉庫
http://www.n-pocket.sakura.ne.jp/kobo-Released/tabunka/

浜松市子育て情報サイト「ぴっぴ」
http://www.hamamatsu-pippi.net/

愛知県国際交流協会ホームページ
http://www2.aia.pref.aichi.jp/

名古屋市「名古屋生活ガイド」(各国語版)
http://www.city.nagoya.jp/kurashi/category/11-3-8-0-0-0-0-0-0-0.html

豊橋市教育委員会　外国人児童生徒教育資料
http://www.gaikoku.toyohashi.ed.jp/

大阪府外国人情報コーナー
http://www.pref.osaka.lg.jp/kokusai/soudan/index.html

大阪市　多文化共生に関する資料・リンク集
http://www.city.osaka.lg.jp/shimin/category/1435-4-4-0-0.html

大阪市　外国人のための Living Information
http://www.city.osaka.lg.jp/contents/wdu020/enjoy/jp/

大阪市「やさしい日本語（にほんご)」による情報発信一覧（じょうほうはっしんいちらん）
http://www.city.osaka.lg.jp/shimin/page/0000272724.html

外国人集住都市会議ホームページ
http://www.shujutoshi.jp/

中国・サハリン帰国者教育の相互支援者ネットワーク
http://www.kikokusha-center.or.jp/

著者略歴

1943 年生まれ
1970 年　東北大学大学院教育学研究科教育学専攻博士課程中退
現　在　東京女子大学，立教大学各教授を経て，東京女子大学名誉教授
著　書　『外国人の子どもの不就学――異文化に開かれた教育とは』（勁草書房，2006），『移民大国イギリスの実験――学校と地域にみる多文化の現実』（勁草書房，2007），『外国人の子どもの教育問題――政府内懇談会における提言』（勁草書房，2011），『在日コリアンと在英アイリッシュ――オールドカマーと市民としての権利』（東京大学出版会，2011），『多文化教育の充実に向けて――イギリスの経験，これからの日本』（勁草書房，2014）
訳　書　M. アンワル『イギリスの中のパキスタン――隔離化された生活の現実』（明石書店，2002）

多国籍化する日本の学校

教育グローバル化の衝撃

2015 年 11 月 25 日　第 1 版第 1 刷発行
2016 年 3 月 30 日　第 1 版第 2 刷発行

著 者　佐《さ》久《く》間《ま》孝《こう》正《せい》

発行者　井 村 寿 人

発行所　株式会社　勁《けい》草《そう》書 房

112-0005 東京都文京区水道 2-1-1 振替 00150-2-175253
（編集）電話 03-3815-5277／FAX 03-3814-6968
（営業）電話 03-3814-6861／FAX 03-3814-6854
理想社・松岳社

ISBN978-4-326-29909-6　Printed in Japan

http://www.keisoshobo.co.jp